TESTAMENT
POLITIQUE ET MORAL,
DU PRINCE
RAKOCZI.

TOME PREMIER,

TESTAMENT

POLITIQUE ET MORAL

DU PRINCE

RAKOCZI.

TOME PREMIER.

A LA HAYE,

Chez SCHEURLEER.

M DCCLI.

TABLE

DES

CHAPITRES.

PREMIERE PARTIE.

SECONDE PARTIE.

AVIS

DE L'EDITEUR.

JE ne dirai rien de la personne du Prince RAKOCZI, elle est assez célébre par sa fermeté, par ses malheurs, & par sa retraite : d'ailleurs, sa vie est entre les mains de tout le monde, & je ne pourrois repéter, que ce que l'on a déja dit.

On est donc suffisamment instruit de ses actions ; mais j'ai cru qu'on seroit curieux de connoître son esprit ; c'est pourquoi je donne au Public ce Manuscrit, tel qu'il est sorti de ses mains, à la réserve de quelques fautes de langage, & de quelques répétitions un peu trop fréquentées, que j'ai corrigées.

Je sçais qu'on pourroit donner une meilleure forme à l'Ouvrage, & y répandre un peu plus de style; mais ce ne seroit plus le Testament du Prince *Rakoczi*. J'ai donc cru, que je ne pouvois trop conserver le caractere original de l'Auteur; & que lorsqu'il s'agit d'instruction, on doit préférer le fond des choses à la maniere de les dire: elle m'ont parues assez importantes par elles-mêmes pour pouvoir se passer d'ornemens. C'est aux Lecteurs à juger, si je me suis trompé.

ABREGÉ

DE LA VIE

DU PRINCE RAKOCZI.

FRANÇOIS RAKOCZI, ſecond du nom, nâquit l'an mil ſix cens ſoixante & ſeize, à Borshi, maiſon de campagne, peu éloignée de la Fortereſſe de Patack, de François Rakoczi & d'Hélene Zrini, fille du dernier Comte de Ferin, qui fut décapité, il avoit eu un frere de même nom que lui, qui mourut dès ſa premiere enfance, & une ſœur nommée Julianne, qui étoit ſon aînée de quatre ans, & qui fut dans la suite mariée au Comte d'Apremont, Reickheim, Commandant Général de la Haute-Hongrie.

François Rakoczi étoit très-bienfait, d'une taille haute & avantageuse, il avoit le visage rond & plein, les cheveux noirs; & portoit une barbe à la Turque.

Ce Prince avoit beaucoup d'esprit, de prudence, de générosité & de civilité, il entendoit assez bien le métier de la guerre; mais il étoit encore plus propre au Cabinet. Il étoit d'une foi inviolable pour ses amis, & pour ses ennemis même, qui se louent tous de sa bonté; & de l'exécution de sa parole.

Son pere étant mort à la fleur de son âge (il n'avoit que

cinq mois) sa veuve se remaria
au Comte Emeric Tekeli, qui
fut un exemple des vicissitudes
de la fortune. Après avoir été
reconnu & déclaré par la Porte Roi de Hongrie , après
avoir reçu le sabre & le tur-
ban à la tête de toutes les armées Ottomanes & Hongroi-
ses, honneur signalé parmi les
Turcs , il fut cité au Grand
Varadin comme un criminel ,
par les intrigues de ses ennemis , & conduit jusqu'à Cons-
tantinople chargé de fers ; &
obligé de se justifier des pré-
tendus crimes qu'on lui avoit
imputés ; enfin après bien des
espérances fondées & deçues
tour-à-tour, il se vit détrôné &
dépouillé de tous ses biens, par
le conseil de la Nation , ga-
gnée en partie par les largesses

de l'Empereur ; & en partie
intimidée par la crainte de
ses armes & de ses proscrip-
tions.

Dans ces circonstances François Rakoczi épousa Charlot-
te Amelie de Hesse, fille de
Charles Prince de Landgra-
ve de Hesse Rinfeld ; & d'A-
lexandrine de Linenghen, ce
fut le vingt-cinq Septembre
mille six cens quatre-vingt qua-
torze.

Il en eut deux Princes,
dont le cadet fut tenu sur
les Fonds de Baptême par le
Comte Emeric de Tekeli, qui
à ce sujet lui fit une donation
des biens considérables, qu'il
possédoit dans le Tekeli ; & que
le Conseil de la Cour de Vienne lui avoit confisqués.

François Rakoczi en de-

manda à l'Empereur la restitu-
tion de la maniere la plus soumise ; mais ne pouvant rien
obtenir d'une Cour, qui ne
songeoit qu'à perdre les restes
de la Maison de Ferin, il laissa
échapper dans les premiers
mouvemens de sa colere, quelques paroles, que ses ennemis
empoisonnerent ; & rapporte-
rent à l'Empereur. Ce qui renouvella les soupçons qu'on
avoit contre le fils du Comte
de Ferin.

Il fut accusé d'entretenir de
secrettes intelligences tant en
Hongrie avec les mécontens,
qui s'assembloient & qui avoient
déja formé un parti considéra-
ble, qu'en Transilvanie, dont
il vouloit, disoit-on, se faire
élire Vaivode, Duc, ou Prince
Souverain, & sur cette accu-

fation fauffe, ou apparente, l'Empereur donna fes ordres, & Rakoczi fut arrêté à Neuftat, au mois d'Avril 1701, & emprifonné dans cette même Ville, où le Comte Ferin avoit perdu la vie.

Le Prince Rakoczi ne perdit point courage, il fongea aux moyens de fe procurer la liberté; & dans ce deffein il feignit une conftance, qui en impofa à la Cour de Vienne. Il vendit fa vaiffelle & fes équipages, comme des meubles inutiles à un homme deftiné à finir fes jours dans une prifon; mais c'etoit pour avoir de l'argent, qu'il employa à féduire fes gardes.

Le fept Novembre de la même année, il donna un repas magnifique à ceux qui étoient commis pour le garder, il les ennivra ; & s'étant déguisé sous un habit de dragon, qu'il avoit reçu d'un Capitaine de dragons qu'il avoit gagné, il se sauva à deux heures après midi par les Fauxbourgs de la Ville, où ses amis lui tenoient trois chevaux prêts, l'un pour un homme, qui paroissoit le maître, l'autre pour un valet de chambre, & le troisiéme pour lui, qui conserva son habit de dragon.

Il prit la route de Raabou ou de Javarin, qui est sur le bord du Danube, il y passa ce fleuve ; & ses chevaux étant fatigués, il y prit des chevaux de poste, qu'on lui donna sans le connoître. De-là par la Haute-Hongrie, il gagna la Pologne ; & du même pas, & avec

la même diligence , il revint
en Hongrie ſe joindre au Comte Bereſini , qui s'étoit mis à la
tête des mécontens ; & en étoit
le principal chef. Il y fut reçu
avec tous les témoignages poſ-
ſibles d'eſtime & de ſoumiſſion.

Il avoit pris ſes meſures avec
tant de précautions & de ſû-
reté , & il comptoit ſi fort ſur
le ſuccès de ſon entrepriſe ,
qu'avant que de ſe ſauver , il
laiſſa ſur la table de ſa chambre
trois Lettres écrites de ſa propre main , l'une pour l'Empereur , la ſeconde pour l'Impe-
ratrice , & la troiſiéme pour le
Roi des Romains.

Deux heures après qu'il fut
parti le Gouverneur informé
de ſon évaſion dépêcha un
courier à l'Empereur pour lui

donner avis de cet accident;
& lui envoya les trois Lettres,
dont celle, qui s'adreſſoit à Sa
Majeſté Imperiale étoit conçue
en ces termes.

Sacree' Imperiale Majeste',

» Ce ne fut jamais un crime
» à un priſonnier de chercher
» par adreſſe ſa liberté, prin-
» cipalement lorſqu'il ſe voit
» l'objet de la calomnie de ſes
» ennemis. Les Ordres ſacrés
» de votre Majeſté Impériale,
» ont ſuivi les fauſſes impreſ-
» ſions, que l'on lui a données.
» Mon innocence, qui ſera re-
» connue de toute la terre, n'a
» pas eu la permiſſion de ſe fai-
» re entendre au milieu de leur
» tumulte, & de ſe juſtifier. Je
» n'ai garde d'imputer mon mal-

» heur à votre Majesté Impé-
» riale, elle a trop de justice &
» de bonté, mais aux conseils
» calomnieux , dont elle est
» obsédée ; & qui après avoir
» causé la mort au Comte de
» Ferin mon grand pere , cher-
» chent sans sujet, ni raison à
» en éteindre tout le sang. Je
» me sauve heureusement des
» fers qu'ils m'ont procurés de
» longue main ; mais je suis
» toujours prêt à venir me jus-
» tifier auprès de votre sacrée
» Impériale Majesté , sitôt, que
» sa clémence & sa justice,
» voudront bien m'accorder un
» saufconduit certain, & qu'el-
» le me donnera des Juges, qui
» ne me seront point suspects ,
» & qui me jugeront selon les
» loix de Hongrie. J'attendrai
» sur cela les Ordres de votre

» facrée Impériale Majefté ,
» pour m'y conformer entiere-
» ment, comme un fujet très-
» fidéle , mais fans me départir
» de mes droits , & des biens
» que tuer , & que mes en-
» nemis me retiennent injufte-
» ment fous ombre d'injuftes
» confifcations. Je fuis facrée
» Impériale Majefté, de votre
» facrée impériale Majefté.

Le très-humble , très obéif-
fant , & très-fidéle fujet &
ferviteur F. P. DE RAKOCZI.

Les deux autres Lettres
étoient pour implorer l'affiftan-
ce de l'Impératrice , & du Roi
des Romains auprès de l'Empereur ; mais bien loin , que
ces Lettres euffent l'effet, qu'il
en pouvoit raifonnablement

attendre, elles en firent un
tout contraire; & ne fervirent
qu'à aigrir davantage l'efprit de
l'Empereur, auquel il étoit
très-fufpect.

Il fit afficher dans Vienne
qu'il profcrivoit ce Prince,
qu'il promettoit dix mille flo-
rins à celui qui le livreroit vif
à fes Officiers de juftice; &
fix mille à celui, qui apporte-
roit fa tête.

On ne s'en tint pas là, on
lui fit fon procès; & l'on le
condamna à perdre fa tête fur
un échafaut; & tous fes biens
furent confifqués. Sa femme,
qui avoit eu Vienne pour prifon pendant la détention de
fon mari, fut confinée dans le
Couvent des Religieufes de
Portacel, & envoyée enfuite
pour plus grande fûreté aux

Religieuses de Tuln. Ses enfans furent auffi confiés à la garde de l'Evêque de Javarin; quoiqu'ils fuffent encore trop jeunes pour connoître leur malheur. Et toutes les perfonnes, qui avoient eu part à fa fuite foit volontairement ou fans le favoir, furent condamnées avec la derniere rigueur.

Cependant le Prince Rakoczi piqué de la maniere indigne, dont on le traitoit à la Cour de Vienne, au lieu d'écouter des propofitions, fe prépara à donner des marques de fon indignation, & étant repaffé de Pologne en Hongrie, il y fut reçu avec tant de fatiffaction, que d'une voix commune, on le reconnut pour le chef des mécontens; & le principal des Comtes Hongrois, qui avoient pris les armes pour la défense de la liberté, & des priviléges de la Patrie.

C'est lui, qui depuis ce moment a conduit une guerre, dont l'Empereur se trouva fort embarrassé. Il est pourtant vrai, qu'il souhaitoit de rentrer dans ses bonnes graces ; mais la nécessité de se mettre à couvert des persécutions qu'on lui faisoit à Vienne, lui fit prendre un parti contraire aux projets de la Maison d'Autriche.

Il entreprit donc serieusement de délivrer sa Patrie des fers de cette Maison ; & d'y rétablir l'ancienne autorité des loix fondamentales, qui regloient le Gouvernemenr, & qui établissoient le pouvoir des Comtes, & la liberté de l'Election volontaire d'un Roi, choisi par les suffrages de la Nation : de sorte que se voyant persécuté par le Conseil de Vienne, & dépouillé de ses biens, il ne balança pas sur le seul parti qu'il avoit à prendre ; & que les rigueurs outrées de la Cour de Vienne le forçoient d'embrasser. Ce Prince voyant d'ailleurs les Hongrois très-bien disposés à rendre justice à ses vertus, à son malheur, & à sa qualité, il accepta le choix qu'ils firent de lui pour être leur Chef, jura d'être inviolablement attaché à leurs intérêts, & de mourir plutôt que de mettre les armes bas ; & de renoncer à des priviléges qu'il vouloit rétablir.

Ce fut dans ce tems-là, que les mécontens commencerent à donner de l'inquietude à la

Cour de Vienne, qui jusques-
là les avoit méprisés, & à faire
tête aux troupes de l'Empereur, qui avoit toujours cru,
qu'il lui seroit facile de les
mettre à la raison.

Le Prince voyant qu'il n'y
avoit pour lui aucun espoir de
retour vers l'Empereur, que
sa vertu & sa personne etoient
odieuses au Conseil Aulique,
que l'on regardoit ses soumis-
sions comme autant de crimes , & que ses ennemis revétus & enrichis des biens
confisqués sur sa maison , y
triomphoient, préféra sa sûreté & sa gloire aux premiers
empressemens , qu'il avoit té-
moignés de rentrer dans les
bonnes graces de la Maison
d'Autriche ; & se déclara le
Chef des mécontens d'Hon-

grie ; & jura encore de ne point se reconcilier , que l'on n'eût donné une pleine satisfaction aux peuples sur tous leurs griefs. Pour cet effet, éclairé des vérités de la Religion Catholique , Apostolique & Romaine, il quitta la Lutherienne , embrassa la Romaine ; & se vit proclamer Vaivode de Transsilvanie , dans une Assemblée générale qui se tint à ce sujet.

Il prit en mil sept cens trois le titre de Souverain , & fit entendre à la Cour de Vienne, que jamais, il n'y auroit d'accommodement avec lui , que l'on ne lui cédât la possession absolue & indépendante de cette Province , sur laquelle il prétendoit , que la maison d'Autriche n'avoit d'autre droit, que celui de la force & des armes contre toutes les loix.

Cette nouvelle portée à la Cour de Vienne y causa d'abord peu d'allarmes, l'Empereur crut qu'il dissiperoit aisément cet orage qui le ménaçoit, mais le nombre des mécontens augmentant jusqu'au nombre de cent mille hommes, qui composoient l'armée du Prince Rakoczi, l'Empereur tenta toutes sortes de voyes pour les appaiser ; mais voyant que la négociation ne réussissoit pas, il resolut d'employer toutes ses forces pour détruire ce parti.

Cependant ce Prince disciplinoit ses troupes, & s'empara d'abord d'un passage sur le Danube, ensuite il prit Tokai,

Zalmar & Caſſovie, tandis que les Généraux faiſoient des courſes en Autriche, en Moravie & en Sileſie.

Le fameux Prince Eugene fut envoyé pour s'oppoſer à leurs ſuccès ; mais il ne put empêcher leurs progrès, deſorte que la terreur devint ſi grande à Vienne, que l'on travailla jour & nuit à enfermer les Fauxbourgs dans de bons retranchemens.

Ce fut alors que les Anglois & le Hollandois, qui s'étoient unis avec l'Empereur pour la guerre, qu'il avoit entrepriſe contre la France touchant la ſucceſſion de Charles II. Roi d'Eſpagne, engagerent l'Empereur à propoſer un accommodement qui fut rejetté.

Le Prince fit débiter un ma

nifeſte , qui contenoit les rai-
ſons , qui l'avoient obligés de
prendre les armes contre l'Empereur. Elles étoient tirées de
l'infraction des loix , & des
privileges de la Nation Hongroiſe. Il n'oublia pas les mauvais traitemens , qu'il avoit
ſouffers dans ſa perſonne, dans
ſa famille , & dans ſes amis.
Il finiſſoit par expoſer le droit
légitime qu'il avoit ſur la Tranſſilvanie , où l'avoient jetté les
Tranſſilvains.

Alors il s'avança vers la
Tranſſilvanie , & fit paſſer la
Morava à douze mille Hon-
grois , qui avancerent juſqu'à
quatre lieues de Vienne ; &
mirent tout à feu & à ſang
dans les endroits , par leſquels
ils paſſerent : pour le Prince,
il s'empara de la plûpart des

places qu'il rencontra fur la route, & qui lui ouvrirent les portes fans réfiſtance. Il preſſa tellement Rabutin qui commandoit en Tranſſilvanie pour l'Empereur, qu'il ſe vit réduit à demander du ſecours après avoir perdu Clauſſembourg, Albe, Jule & pluſieurs autres places.

Les Anglois & les Hollandois, qui déſiroient toujours un accomodement, envoyerent des députés avec le titre d'Envoyés. Le Prince les obligea d'accepter des paſſeports ſous le nom de Souverain de Tranſſilvanie, & reçut en vainqueur, les propoſitions qu'ils lui firent, & qu'il rejetta avec hauteur.

Cependant il eut un échec en Baviére, ce qui engagea

l'Empereur à propofer une fufpenfion d'armes , dans l'efpé-
rance d'amener les chofes à
fon gré ; mais les mécontens
après avoir délibéré fur cette
propofition, ne voulurent pas
y entendre que l'Empereur ne
leur eût auparavant accordé leurs préliminaires. Néanmoins cette fufpenfion leur
devenant auffi néceffaire qu'à
l'Empereur , ils l'acceptèrent
avec des conditions affez avan-
tageufes pour eux.

On s'affembla à Scemnits
pour y tenir des conférences ,
mais elles furent bientôt rom-
puës pour des caufes affez lé-
géres. Les hoftilités recommencerent de part & d'autre ,
mais le fuccès fut bien différent , & tout l'avantage demeura au Prince Rakoczi.

Dans

Dans ces circonſtances, l'Empereur mourut, le Roi des Romains en prit le titre, ſans attendre ni même demander les ſuffrages des Electeurs, comme ſi la qualité de Roi des Romains lui permettoit de prendre ce titre, ſans auparavant avoir une élection réguliere ; cependant comme la choſe ne regardoit que les Princes Allemands, qui n'oſoient ſe plaindre, il n'eut pas de peine à ſe faire reconnoître par les Princes de l'Europe, & à maintenir la qualité qu'il prit après la mort de ſon pere.

Il fit dire aux Hongrois qu'il ne prenoit aucune part à ces injures, qu'il vouloit les traiter avec bonté, & leur procurer une paix ſolide ; mais les mécontens ne voulurent rien relâcher de leurs prétentions ; & le nouvel Empereur ayant refusé de leur accorder les préliminaires , qu'ils avoient déja proposés à son pere , lorsqu'il demanda une suspension d'armes , les hostilités recommencerent.

L'Empereur bien persuadé qu'il ne sortiroit pas de cette intrigue sans donner au Prince Rakoczi quelque satisfaction, crut qu'il feroit assez malavisé pour prendre au lieu d'une souveraineté, une Terre qu'on lui erigeroit en Principauté dans l'Empire ; pour y parvenir il résolut de lui faire proposer un équivalent, disoit-il, & de lui donner le Comté de Burgau pour toutes ses prétentions ; & s'il étoit nécessaire qu'on l'érigeroit en Principau-

té, pour lui & ses descendans;
mais le Prince sçavoit trop
bien la différence d'une Souveraineté indépendante , &
d'un bien qui le rendoit absolument sujet de l'Empereur ,
& qui l'exposeroit à la puissance & au Conseil de Vienne : desorte qu'il persista dans
la résolution inébranlable d'a-
voir la Transsilvanie , à laquelle il avoit été élu ; & que
l'on la lui cédât par prélimi-
naire en Souveraineté indépendante.

Cependant on recommença
les conférences, le Prince Rakoczi accorda une suspension
d'armes ; & l'Empereur qui
cherchoit toutes les occasions
de se le concilier, fit sortir
sa femme du Couvent, où elle

avoit été reléguée ; & la reçut
à la Cour avec des careſſes
extraordinaires.

Il voulut la faire ſervir au
racommodement qu'il médi-
toit ; & pour cet effet, il la
renvoya au Prince ; mais bien
loin de l'exciter à abandonner
ſes prétentions , elle l'exhorta
à ſoutenir ſes droits ſur la Principauté de Tranſſilvanie.

Cependant l'Empereur at-
tendoit un puiſſant effet de
cette négociation , & étoit
dans l'impatience du retour de
la Princeſſe ; mais il fut fort
étonné , lorſqu'il apprit par la
voix publique, & par une lettre qu'elle lui écrivit. Elle
lui marquoit qu'elle n'avoit
rien fait ; que les conſeils
des mécontens prévaloient ,
ſur tout ce qu'elle avoit pu
ire : & qu'elle voyoit un ſi

grand obstacle à tous les bons désirs de l'Empereur dans l'esprit du Prince qu'il n'y avoit que la Principauté souveraine de la Transsilvanie, qui pourroit l'emporter sur ses liaisons avec les Hongrois; qu'elle étoit bien fâchée d'avoir si mal réussi dans ses tentatives; mais que le tems feroit peut.être ce qu'elle n'avoit pu exécuter en chemin. L'Empereur irrité contre elle, la fit arrêter sous pretexte, qu'elle avoit voulu tenter de faire évader ses enfans.

Quand on vit de part & d'autre, qu'on ne pouvoit s'accorder sur les prétentions réciproques, chacun se disposa sérieusement à la guerre. Le Prince fit fondre du canon; & se prépara à passer en Transsilvanie avec une armée

de trente mille hommes , compofée en partie de Polonois ,
& de Bavarois , qui ne
refpiroient contre les Allemands , que la vengeance des
cruautés exercées dans la Ba-
viere.

Il envoya de nouveaux Am-
baſſadeurs au Sultan Acmet,
qui commençoit à s'affermir
fur le Thrône , dont il avoit
chaſſé fon frere. Ce Sultan,
qui vouloit donner de l'inquié-
tude à la Cour de Vienne plutôt que de fecourir les mécontens , envoya des ordres au
Bacha de Temeswart de fa-
vorifer les mécontens ; ce qui
allarma réellement l'Empereur,
qui craignoit avec quelqu'apparence de raifon , que le Turc
ne leur donnât de plus grands
fecours.

Les esprits s'aigrirent de plus en plus. On publia des Manifeftes de part & d'autre ; l'Empereur ne voulut rien accorder ; & les Hongrois jurerent de mourir plutôt l'épée à la main que de vivre efclaves.

Le Prince envoya une armée fous Oftkai , qui paffa la Morava , tandis qu'il affiéga & prit Gran ; & fe difpofa à affiéger Burcan : mais ayant appris que Rabutin remontoit la Teiffe du côté de la Pologne pour aller fe joindre à Staremberg ; & s'oppofer conjointement aux progrès des mécontens , il repaffa du côté gauche du Danube, pour obferver la marche de ce Général , & empêcher fa jonction avec Staremberg.

Il le preffa de façon , que

Rabutin se vit obligé de demander du secours. L'Empereur importuné de ses plaintes
négligea tout pour le dégager;
& hazarda Herbeville avec
toute les troupes qu'il put ra-
masser pour aller le secourir.

Il crut avoir fait un grand
coup de l'avoir dégagé : mais
Herbeville ruina son armée par
une longue & pénible marche;
& en voulant sauver la Transf-
silvanie, il s'exposa à perdre
tout le reste de la Hongrie,
& à faire périr une armée, qu'il
eut peine à retirer.

Quelque tems après la Prin-
cesse Rakoczi se sauva des
mains de ceux, qui la gar-
doient, & passa en Saxe, où
elle croyoit être favorablement reçue par le Roi de Suéde, qui pour lors étoit sur ses

Frontieres ; & qui s'excusa de la voir, de-là elle se retira en Prusse & passa jusqu'en Pologne, où elle demeura jusquà la fin de la guerre.

Au mois de Mars mil sept cens sept, son mari, arriva en Transsilvanie, où il fut reçu avec de grands témoignages d'affection de la part des Grands & du peuple, qui lui decernerent le titre de pere de la Patrie.

Il y convoqua une Diette pendant la tenue de laquelle il donna une Audience publique au Marquis Desalleurs, qui lui présenta une Lettre de félicitation du Roi de France, sur son avénement au Thrône de Transsilvanie. Les Députés des Etats Confédérés eurent aussi une Audience publique ;

& les Etats de Transsilvanie consentirent à leurs propositions, que le Prince signa; après quoi la Diette se sépara.

Cependant le Prince ayant été obligé suivant les loix du pays, de rendre à chaque Seigneur tout ceux de ses sujets, qui avoient été engagés sans son consentement, ses armées diminuérent considérablement; & dès-lors ses affaires allerent toujours de mal en pis.

Dans ce tems-là le Czar lui fit proposer de l'élever au Thrône de Pologne, du consentement de la République; mais ne voulant pas accepter cette proposition, il lui donna des réponses ambigues, le Czar, qui avoit ses vûes insista & lui fit proposer la Couronne par un Député du Conseil de la République de Pologne. Le Prince le reçut à Munkacz.

Il vit dans les discours la contrainte, que le Czar imposoit aux Polonois ; mais voulant profiter des circonstances, il envoya le Comte Berseni au Czar, qui obtint qu'on différeroit l'Election de trois mois.

Pendant cet intervalle le Prince Rakoczi tenta une entreprise sur la Silesie, qui lasse de la domination d'Autriche, vouloit prendre les armes, & se joindre aux mécontens, & pour cet effet, il s'avança vers Ranchin, gardé par le Général Heister, il y eut un combat entre les deux armées ; où le Prince fut défait & mis en fuite par la mauvaise manœuvre de ses Généraux ; & obligé de se retirer à Munkacz.   B vj

L'année mil sept cens neuf, lui fut encore plus contraire, il perdit plusieurs places importantes ; & le Général Heister s'empara de la basse Hongrie.

Dans cette extrémité, après avoir écrit à l'Empereur, dont il n'espéroit aucun accommodement, obligé de prendre un parti, ou de s'enfermer dans la Forteresse de Munkacz, parce que la Tréve alloit expirer, il assembla un Conseil à Schalanque, dans lequel il représenta le mauvais état des affaires de sa Nation ; & on délibera sur les ressources, qui leur restoient. Il voulut remettre aux Etats de Transsilvanie, le diplome de son Election, & les dégager du serment de fidélité qu'ils lui avoient prêtés ; mais les Conseillers touchés de sa générosité, & des marques d'affection qu'il leur donnoit, lui représenterent qu'ils n'avoient ni le pouvoir, ni la volonté de le dégager lui-même du serment de fidélité, qu'il avoit prêté aux Etats ; & l'engagerent à passer en Pologne pour faire une derniere tentative auprès du Czar.

Il s'y détermina & partit brusquement le deux Février mil sept cens dix, quelques jours avant l'expiration de la Trêve. Il écrivit des Frontieres à Kapli, qui étoit absent lorsqu'il quitta la Transsilvanie. Il lui donna le commandement de ses troupes, à la reserve du Gouvernement de Munkacz, qu'il remit au Commandant de cette Place avec un plein pouvoir pour agir.

C'étoit son grand Maréchal, qui étoit Gouverneur de cette Place, & qui se préparoit à la défendre : mais le Prince Rakoczi l'ayant eu pour compagnon dans sa prison à Vienne ; & ce Maréchal n'ayant été relâché qu'à des conditions très-onéreuses, il ne voulut pas l'exposer à retomber entre les mains des Allemands ; & il nomma à sa place le Baron Jennei Chancelier du Sénat.

Comme la fin de la Trêve approchoit, & qu'il n'y avoit de sûreté pour le Prince Rakoczi de rester plus long-tems à Skolia, où il s'étoit arrêté quelques jours, il passa à Stri, où Karoli vint le trouver avec les conditions, que Palfy l'un des Généraux de l'Empereur, qui venoit de recevoir de nouveaux pleins pouvoirs, avoit apportées.

Le Prince fixa aux Etats Confédérés, un terme de convocation à Huft dans la Maramaroch; & promit de s'y rendre en perfonne, & d'exécuter tout ce qu'ils trouveroient être de leur convenance. Berfeny, Forgatz, Efterhazi, qui étoient préfens à cette Conférence, & qui foupçonnoient la fidélité de Karoli, furent d'avis qu'on le fit arrêter; mais comme le Prince les connoiffoir pour fes ennemis; & que d'ailleurs, il n'avoit aucun fujet raifonnable pour le faire, il le laiffa partir, quoiqu'il ne le crut pas entierement exempt de reproches.

A peine ce Général fut-il de retour en Tranffilvanie, qu'il

ſe fit connoître pour ce qu'il étoit. De ſa propre autorité il transféra à Karoli, l'aſſemblée que le Prince avoit fixée à Huſt ; & lui envoya des Députés au nom de toute l'aſſemblée pour le prier de ſe rendre à leur tête pour ſigner le Traité, qu'il lui envoyoit en original ; & qu'ils avoient, diſoit-il, jugé devoir accepter pour le bien des Etats Confédérés.

Le Prince vit trop tard la faute qu'il avoit faite de le laiſſer partir, il renvoya les Députés vec des Manifeſtes fulminatoires contre ce Général, dans l'eſpérance d'exciter un tumulte contre lui ; mais bien loin de produire quelque heureux effet ils précipiterent ſa perte.

Karoli abuſant du pouvoir

qu'on lui avoit confié, fe hâta
de rendre Caffovie ; & fe fou-
mit à l'Empereur , avec les
troupes , qui lui avoient été
confiées , dont le nombre étoit
beaucoup plus confidérable ,
que celui des Allemands , qu'on
leur avoit oppofé.

Tel fut la fin de la guerre de
Hongrie , le Prince Rakoczi
alla trouver le Czar pour tenter
un dernier effort auprès de lui ;
mais l'action du Prut eft la rui-
ne entiere de l'armée Mofcovi-
te, ayant rompu les deffeins
du Czar , il ne fongea plus à
s'allier avec la France & ne put
lui donner le fecours qu'il demandoit ; de forte que ce
Prince ayant perdu toute efpé-
rance de remonter fur le Thrône de Traffilvanie ; & n'ayant
pû trouver aucun azile chez

les Princes Chrétiens, se retira en Turquie , où il a écrit ce Testament Politique, & où il termina sa vie, en mil sept cens trente-deux.

Je joins à cet Abrégé quatre Lettres qu'il écrivit quelque tems avant de mourir, avec le Testament qui suit. Ces Piéces serviront mieux à faire connoître le caractere de ce Prince, que tout ce qu'on en pourroit dire.

LETTRE

Du Prince Rakoczi au Grand-Vizir.

VOus qui brillez dans la premiere Dignité de ce glorieux Empire, doué d'une haute fageffe, fuprême Vizir, notre cher Ami, que Dieu veuille bénir en lui accordant les biens les plus précieux, & les plus defirables !

Sans doute que le Grand-Vizir, mon cher Ami, fera étonné quand apprenant ma mort, il recevra de moi cette Lettre. Mais comme la condition de la nature humaine me montre que la mort eft un ttibut inévitable que nous devons tous payer, mon amour pour Dieu m'a appellé pour m'y préparer de bonne heure ; & ma jufte reconnoiffance envers le très-invincible Empereur me porte pareillement à ne point quitter ce monde fans prendre congé de lui, & fans lui témoigner ma gratitude. C'eft pourquoi, jouissant encore d'une pleine santé, après avoir mis ordre à toutes mes affaires, j'ai ordonné aux premiers Officiers de ma Cour, que quand ma mort arrivera, après en avoir donné part au Grand-Vizir, ils remettent cette présente Lettre à ce cher Ami. Que ces dernieres paroles donc, d'un véritable & sincére Ami, touchent son cœur, & qu'il présente à l'Empereur son très-clément Maître ces derniers témoignages d'un cœur rempli des plus vifs sentimens de zéle & de reconnoissance.

J'ai toujours attribué mon arrivée dans ce glorieux Empire, à une disposition de l'incompréhensible sagesse de Dieu ; mais singulierement cet instinct qui m'a conduit à y venir dans ces conjonctures critiques, où par les malheurs de la guerre, les affaires de cet Empire périclitoient, & qu'il étoit agité de grands mouvemens. Ma confiance en Dieu, & l'espérance que j'avois mise en la Sublime Porte, m'avoient persuadé qu'elle ne m'abandonneroitpas : bien plus, dans ce dernier

moment même de ma vie, je puis
dire que mon espérance ne m'a pas
trompé, puisque traitant ma personne
avec toute sorte de marques d'honneur, elle m'a entretenu avec le peu
de mes fidéles qui me restent, & qu'elle m'a soutenu contre les mauvais des-
seins & entreprises de mes ennemis.
Examinant tout cela, de mon vivant,
sérieusement, je sors sans honte de
ce monde passager ; car ma conscience ne me reproche point que j'aye
jamais en la moindre chose fait tort
à quelqu'un dans cet Empire, ou que
je n'aye pas tâché par tous les moyens
possibles, de procurer la gloire & le
véritable avantage de la Sublime Porte. J'ai souvent eu cette consolation
en mon vivant, que les Ministres de
la Sublime Porte, connoissant mes intentions droites & sincéres, me mon-
troient aussi un cœur bon & amical.
C'est ainsi que passant mes jours dans
une douce tranquilité, je me suis
préparé à cette derniere heure de ma
vie, de laquelle je pouvois attendre
la délivrance de toutes mes miséres,

Or comme ma Loi m'a ordonné d'aimer Dieu par-deſſus tout, & pour lui mon prochain comme moi-même; je puis dire ingénument, que j'ai aimé tous ceux que Dieu a commis à mes ſoins dans ce monde, ou qu'il à deſtinés à mon ſervice, les regardant comme mes propres enfans. Conduit par ce ſentiment d'affection, j'ai diſtribué entre eux par ma Diſpoſition Teſtamentaire, & par écrit, tout ce que j'ai eu en mon pouvoir. Mais je n'ai pas honte d'avouer, que mon état eſt ſi pauvre, que je n'ai pu dignement récompenſer les Officiers qui étoient près de moi par le commandement du très puiſſant Empereur, & qui m'ont ſervi avec zéle & avec fidélité. C'eſt pourquoi, ſi je pouvois me flater de quelque mérite auprès du très invincible Empereur, je l'aurois ſupplié de ſuppléer à mon défaut; & en ma conſidération, de répandre ſes graces ſur tous ceux que ſon commandement Impérial avoit établi pour me ſervir. Mais parce que moi-même, depuis tant d'années, j'ai été plutôt à charge à la Sublime Porte, que je n'ai pu lui être utile, je ne fais que les recommander d'une maniere finguliere & en détail, aux graces fingu-liéres du très-puiffant Empereur; mais fur-tout mon très fidéle Interpréte Ibrahim Effendi : que le Dieu tout-puiffant veuille récompenfer de fes précieufes bénédictions, les bienfaits qu'il a répandus fur moi! C'eft au nom de ce même Dieu, que je le conjure encore de cette grace, que le peu de fidéles qui me reftent, délaiffés com-me des brebis fans Pafteur, après qu'ils auront exécuté mes dernieres volontés, & mis mon corps fans au-cune pompe mondaine auprès de celui de ma défunte mere, qu'ils puiffent, dis-je, fans recevoir aucun tort, & en toute fureté, fe retirer dans d'autres Etats; & que ceux qui voudront refter dans cet Empire, puif-fent le faire furement. Enfin, voilà les dernieres paroles que prononce, en fouhaitant au fuprême Vizir & à tout cet Empire toutes fortes de bénédic-tions corporelles & fpirituelles de ce même Dieu bienfaisant, son fidéle Ami jusqu'à la mort, & qui va être réduit en cendre & en poussiére.

Le Prince FRANÇOIS RAKOCZY.

TESTAMENT.

Du Prince François Rakoczi, Prince de Transsilvanie.

Au nom de la très-Sainte Trinité, Pere, Fils, & St. Esprit.

FRANÇOIS, par votre grace ô mon Dieu ! Chrétien Prince de Transsilvanie, Prince Rakoczy & du Saint Empire Romain, Seigneur d'une partie du Royaume de Hongrie, Comte des Sicles, Duc de Munkacz & de Makowicz, Comte de Saros, Seigneur de Saros-Patak, Tokay, Regez, Szerencz, Liednicz & Onod, &c.

Ce sont des qualités & des titres, Seigneur, que vous m'avez donnés,

soit

ſoit par l'élection d'un Peuple libre , ſoit
par la naiſſance , pour que je les em-
ployaſſe à votre gloire , & qu'ils m'ai-
daſſent à parvenir au Royaume éternel,
auquel vous m'avez appellé. Bien loin de
me glorifier de ces vaines qualités & titres, j'avoue dans l'humilité de mon cœur,
que je ne ſuis qu'un enfant de colère ,
cendre & pouſſière par ma nature devant
vous ; d'autant plus que j'ai abuſé de vos
graces, & de tant d'autres du corps
& de l'eſprit , que vous avez abondamment répandues ſur moi. En les tour-
nant contre vous , je les ai tournées contre moi-même , en ſorte que devenu un
monſtre abominable d'ingratitude à vos
yeux , je n'aurois pas lieu d'eſpérer de
parvenir à vous , ſi par votre miſéricorde
infinie vous ne m'euſſiez pas converti à
vous , m'ayant donné un déſir ſincére
d'employer le reſte de ma vie , à travail-
ler à mon ſalut. Je vous remercie
Seigneur , de ce que vous m'avez ôté la
Principauté , & tout ce que le monde
appelle des biens ; & de ce que vous m'a-
vez viſité par toute ſorte d'afflictions ,
contradictions , pourſuites , opprobres &
calomnies que j'ai ſouffertes des Grands
du monde. Et ſurtout je vous rends gra-

ces, de ce que vous m'avez infpiré un attachement affez fort aux devoirs de mon état, pour me faire quitter les douceurs d'une vie tranquille & paifible, pour venir dans un pays fi contraire à mon génie & à ma fierté naturelle. Car c'eft ici que vous m'avez donné occafion de la mortifier, de me détacher des vaines prévoyances de l'efprit humain, des confeils de la prudence, & de la confiance aux Puiffances de la terre, pour ne mettre mes efpérances que dans la conduite miféricordieufe de votre Providence, & pour tout dire, de ne vouloir que ce que vous voulez.

J'ai rapporté, Seigneur, dans un autre Ouvrage, les œuvres de votre miféricorde envers moi, fans déguifer mes ingratitudes envers vous. Je ne les rappelle ici, que pour tâcher de me mettre dans une difpofition convenable au deffein que j'entreprends de faire mon Teftament, pendant que je ne fuis encore ni accablé d'âge, ni affoibli dans les forces du corps & de l'efprit. Mais je connois affez, par votre grace miféricordieufe, la fragilité de ma condition, les dangers des maladies contagieufes, & enfin mes devoirs, auxquels je crains le plus de manquer.

Vous m'avez répréfenté, ô mon Dieu !

par plusieurs exemples sensibles, l'inutilité des précautions que les Princes les pl. s absolus & les plus puissans , les hommes les plus sages & les plus prudens employent pour affermir l'exécution de leur derniere volonté. Les Loix de toutes les Nations ont établi des formalités requises pour rendre les Testamens authentiques & valides. Je me trouve dans un pays, & dans une situation à ne pouvoir profiter d'aucune. J'ai lieu d'espérer que les dispositions que j'ai faites de ce que j'ai avec moi dans ce pays-ci, seront fidélement exécutées par ceux que j'en ai chargés; parce qu'ils paroissent m'aimer, & qu'ils m'ont toujours été fidéles. Mais il s'agit ici de disposer de ce que je devrois avoir en France, en vertu des Engagemens, des Priviléges & des Brevets de Louis XIV, de glorieuse Mémoire : en quoi si on me refuse justice, tous ceux que j'aime en vous, Seigneur , comme mes propres Enfans, seront abandonnés parmi les Infiéles ; & les Enfans que vous m'avez donné par la nature , traineront une vie à laquelle je ne puis apporter aucun soulagement. Je vous parle avec effusion de cœur, ô mon Dieu ! après avoir parlé depuis tant d'années aux hommes

qui ne m'ont pas écouté ; & je veux croire , que les raisons politiques ont été
cause qu'ils n'ont pas secondé mes demandes , selon tous les mouvemens de l'amitié qu'ils m'ont toujours témoignée. Je ne
me plains pas d'eux, Seigneur, & à vous
ne plaise que je veuille du mal à ceux qui
ont exigé que l'entrée des Etats des Princes Chrétiens me soit fermée ! car ç'ont été
vos jugemens sur moi, dont les hommes
n'ont été que les exécuteurs. Aussi vous
voyez, mon Dieu, que je les aime tous
dans votre charité. Je vous prie de pardonner à ceux qui m'ont le plus persécuté & calomnié : ils ont sans doute cru en
cela agir avec justice, & si leur ignorance
n'eût pas été excusable devant vous, par-
donnez-leur, je vous supplie , car j'ose
dire , qu'ils ne savoient pas ce qu'ils fai-
soient.

En écrivant ceci , j'envisage ma sortie
de ce monde , duquel , ainsi que je n'ai
rien apporté en naissant , je n'emporterai
rien non plus en sortant. Et qu'aurois-je
à m'embarasser des dispositions , pour la
validité desquelles je ne peux prendre au-
cunes mesures légales , si la charité bien
ordonnée envers mes Enfans , & envers
ceux dont vous m'avez commis le soin ,

ne me preſſoit de faire ce que je dois &
ce que je peux, en vous laiſſant, Seigneur,
le ſoin de tant d'Orphelins, que je ne
quitterois qu'avec regret dans un tel état,
ſi je n'eſpérois avec cette foi & cette confiance ferme que vous m'avez donnée, que
vous aurez ſoin d'eux, & que j'irai à
vous qui êtes notre Pere commun? Je
diſpoſerai donc, comme d'un bien réel
& effectif, de tout ce que je crois pouvoir prétendre en juſtice en France.

1°. Le feu Roi Louis XIV m'avoit
acheté de la Reine Marie de Pologne,
la moitié de la Terre de Jeraſlaw; mais
les brouilleries de ce Royaume-là n'a-
voient pas permis que le Contract ſe fît
ſous mon nom, ainſi tout y fut fait ſous
le nom de la Grande-Générale de Pologne Eliſabeth Sinniauska. Le marquis de
Bonac, alors Envoyé du Roi Très-Chrétien auprès du Roi de Suéde, traita avec
le Comte Bilinski Grand-Maréchal de la
Couronne, Commiſſaire de la Reine; la
Grande-Générale ne prêta que ſon nom,
anſi qu'il eſt authentiquement inſéré dans
le Grod de Dantzig. Je jouiſſois de cette
Terre ſous le nom de ladite Dame, juſqu'à ma retraite en Pologne après la guerre finie. Vu que depuis bien du tems je

n'a vois reçu aucun subside de France, je fus obligé d'employer jusqu'à mon argenterie à la guerre, & n'ayant aucune ressource, je fus contraint d'engager ladite Terre de Jeraslaw à la Grande-Générale, ci-dessus nommée. Elle me donna une Déclaration signée d'elle & de son Mari, que la propriété de cette Terre m'appartenoit, & que le Roi Très-Chrétien l'avoit achétée pour moi de la Reine. Je laisse mon droit sur cette terre à mon fils George Rakoczi Duc de Makovicz, & je prie très-humblement le Roi Très-Chrétien de l'aider par ses Ministres en Pologne, en cas qu'il fût chicané à l'occasion du dégagement de cette Terre.

Après avoir fait la guerre en Hongrie presque deux ans, le feu Roi Louis XIV m'envoya le Marquis Desalleurs, par lequel il me promit cinquante mille livres de subside par mois, pour la continuation de la guerre. A l'occasion du rappel du Marquis de Bonac de Pologne, j'envoyai un Commissaire pour faire le compte avec ce Ministre. Il fut avéré que le Roi me devoit six cens mille livres. A mon arrivée à Paris, le Roi plaça cette somme sur la Maison de Ville à Paris. L'Abbé Dominique Brenner, mon Miniftre, me perfuada que la coutume étant de faire ces fortes de Contracts fous des noms empruntés, & que le payement des rentes fe faifant felon l'ordre des lettres de l'Alphabet, il me feroit plus facile & avantageux de le faire fous le nom de *Dominique*, que fous le mien de *François*. J'y confentis, quoique j'euffe déja quatre-vingt-deux mille livres placées fous le nom du Comte de Saros, qualité que je prenois en France.

Lorfqu'en l'année 1717 je paffai en Turquie, je confiai ces Contracts au Tréforier de Monfieur le Comte de Touloufe, qui m'avança deux années de rente, pour les frais de mon voyage. Ces Contracts fous le nom de l'Abbé furent dépofés entre les mains dudit Tréforier. Je manquai, je l'avoue ingénûment, de précaution en cette occafion, puifque je ne difpofai pas dès-lors même à qui on devoit remettre ces Contracts après les deux années échues. Brenner s'en empara, avant que mes ordres fuffent arrivés; & n'ayant pas voulu les remettre à mon Banquier Jean-Baptifte Heliffan, je priai le Régent de le faire mettre à la Baftille, où ce malheureux fe coupa la gorge par defefpoir.

Pour éluder mes ordres, & en vue d'êtrē en état de difposer de mes fonds; Brenner me propofoit bien des projets, dans le tems que les Billets de Banque avoient un fi grand cours en France. Je les rejettai tous; mais ce malheureux prit le prétexte des ordres du Roi, qui enjoignoient généralement à tous de vendre les Contraƈts pour des Aƈtions. Il les vendit, & tous ces papiers furent trouvés après fa mort. Les Commiffaires du Régent députés pour les examiner dans la Baftille, les rendirent au feu Marquis d'O, autorifé de ma part pour les recevoir. Depuis ce tems-là, jufqu'au Miniftère du Cardinal de Fleury, on fit toute fortes d'inftances afin que ces Aƈtions fuffent remplacées fur la Maifon de Ville au denier porté par le Privilége du feu Roi Louis XIV : mais n'ayant pu rien obtenir de folide, rebuté par tant de refus, pour avoir dans ce pays-ci quelque fonds à ma difpofition, je priai Monfieur le Comte de Touloufe de faire vendre ces papiers comme il pourroit ; ce qu'il fit exécuter. On pourroit croire que j'ai mal pris mes mefures, & qu'en confervant ces Aƈtions j'aurois pu réuffir avec le tems auprès du Roi : mais les Contraƈts fous le nom du Comte de Saros, qui ne furent pas vendus pour des Actions , ont été pareillement rebutés ; ceux-ci , parce qu'ils n'ont pas été vendus lorsque le Roi avoit ordonné de le faire ; & les autres , parce qu'ils ont été vendus pour des Actions. Ainsi , pour ne pas perdre tout , je fus obligé d'accepter en payement du total de quatre-vingt-deux mille livres , une pension viagère de 6000, que je fis mettre sur la tête de mon Fils George Rakoczi Duc de Makowicz.

Un Brevet du feu Roi m'assuroit de cent mille livres par an, sous titre de subsides. Voilà pourquoi à l'occasion des réductions des pensions, Monsieur le Duc d'Orléans ni Monsieur le Duc n'y touchérent pas , disant que les subsides ne se donnoient qu'aux Princes étrangers ; qu'une fois accordés , ils n'étoient plus à la disposition du Roi, tandis que les fins pour lesquelles on les avoit accordés, subsistoient. Cet égard , fondé sur la nature des Traités publics, a cessé sous le Ministère de Monsieur le Cardinal de Fleury. On a payé les arrérages de mes subsides, par une cotte mal taillée, & on a retranché 40000 liv. de 100000 liv. que le Trésor me payoit par an.

Un autre Brevet , qui m'assuroit

40000 liv. par an pour la subsistance des Seigneurs, Gentilhommes & Officiers Hongrois qui me sont demeurés fidéles, a été entierement supprimé, avec neuf Ordonnances qui étoient entre mes mains.

Ce procédé, que j'expose aux yeux de S. M. Très-Chrétienne, ne me laisse pas lieu de disposer d'aucun bien effectif : mais comme j'espére qu'eu égard aux dons du feu Roi de glorieuse mémoire, elle me rendra justice, j'en disposerai d'une partie ; & tout ce qu'il lui plaira donner au-delà je le laisse à mon Fils George Rakoczi Duc de Makowicz.

J'ai dit *dons du Roi*, quoiqu'il soit assez connu que ces dons n'étoient pas fondés sur la seule bienveillance & affection que ce grand Roi m'avoit marquée avec distinction, mais qu'ils étoient de la nature des dettes contractées par un engagement, dans le tems que je faisois la guerre en Hongrie : guerre dont il a reconnu avoir tiré de grands avantages. Vous savez, ô mon Dieu ! bien mieux que les hommes, les vrais motifs qui m'ont poussé à l'entreprendre : motifs que j'ai marqué dans un autre Ouvrage. Il suffit que je dise ici, que le susdit engagement n'y a eu aucune part. Mais il est certain qu'il auroit été contraire à la prudence de la continuer fans une certitude morale, fondée fur les promeffes de ce Monarque, faites par fes Lettres & par fes Miniftres. Je difpofe donc, plein de confiance en la bonté & juftice du Roi régnant, aux Peres Jéfuites pour les Miffions des Iles de l'Archipel ou de Terre-ferme, qu'on appelle *Miffions volantes*, 1000 livres.

Aux Peres Camaldules de Grosbois, 5000 l.

A mon bien-aimé Maître de ma Maifon, le Sr. *Nicolas Zibrik de Szaraskend*, 10000 l.

A mon bien-aimé premier Gentilhomme de la Chambre, le Sr. *Mikes* de *Zagony*, 10000 l.

A mon bien-aimé premier Aumônier, l'Abbé *Radalovicz*, 5000 l.

A mon Chapelain, l'Abbé *Damofili*, 2000. l.

Pour le voyage de celui qui portera en Efpagne mon Collier de la Toifon d'or, 6000 l.

Au premier Gentilhomme de mes Commandemens, le Sr. *Louis Molitard*, 3000 l.

A un chacun de mes Gentilhommes des

Commandemens qui ont brevet, 2000 l.

'A *François Kaidaczi*, mon Filleul, 3000 livres.

Au Secrétaire du Département de ma Maison, *Louis Bechon*, 3000 l.

'A mon Controlleur *Charrieres*, pour la dot de fa fille ma filleule, qui lui restera en cas de mort, 2000 l.

'A chacun de mes Valets de Chambre, 1000 l.

'A chaque Garçon de ma Chambre, 500 l.

A mon Garde-gobelet, *Grégoire Kovacz*, 1000 l.

A l'Huiffier *Lazare*, 1000 l.

A l'Huiffier de l'Antichambre, *Paraidi*, 500 l.

Au Porte-arquebufe *Koczegi*, 1000 l.

Aux Chefs de Cuifine, à chacun, 1000 l.

A l'Officier d'Office, 1000 l.

Aux Valets de la livrée, une année de gages, la valeur de la livrée, & pour une année de nourriture.

Aux autres Domeftiques, Garçons, Frotteurs, & de quelque emploi qu'ils puiffent être, compris dans l'Etat des gages, une année de gages, payable felon le Certificat du Maître de la Maifon & du premier Gentilhomme de ma Chambre.

Le premier Gentilhomme de mes Commandemens certifiera pour le Département de l'Ecurie, si la Charge du premier Ecuyer est vacante.

Si Sa Majesté Très - Chrétienne a la bonté de payer une partie des Ordonnances destinées aux pensions des Seigneurs & Officiers Hongrois, on payera au Lieutenant-Général Comte *Czaki*, 15000 liv.

Au Baron *Zay*,   8000 l.

Au Sr. *Krusai* ci-devant Secrétaire des Etats Confédérés,   8000 l.

Au Colonel *Mariasi*,   8000 l.

Au Lieutenant-Colonel *Gaspar Papay*,   3000 l.

Je laisse à mon Fils George Rakoczi, Duc de Makovicz, ce que le Roi voudra bien accorder au-delà des sommes désignées : moyennant qu'il sera chargé de payer mes dettes légitimes, dont je ne crois avoir aucune. Plusieurs Créanciers pourroient former des prétentions du tems de la guerre de Hongrie ; plusieurs Officiers pourroient demander ce qui pourroit leur rester de leurs appointemens : mais je ne crois être chargé en conscience de payer que les Officiers qui ont été assignés sur les subsides que le feu Roi s'étoit engagé de me faire payer. Les marchandifes fournies pour la guerre devoient être payées de la Caiffe du Royaume, dont les fonds ne fubfiftent plus. Quant aux dettes contractées devant mon emprifonnement, puifque l'Empereur s'étant dès-lors emparé de mes biens, & par la fuite une force fupérieure m'ayant contraint de quitter mes Etats, c'eft à ceux qui les poffédent de les payer.

Toutes les Familles dont je defcends étant éteintes, je n'ai aucun proche parent en Hongrie, bien loin d'en avoir en France pour efpérer quelque appui auprès du Roi Très-Chrétien, lequel à peine pourroit-il fe fouvenir de m'avoir vû dans fa tendre enfance. Ainfi j'efpére que les Princes & les Princeffes de fon Sang, qui m'ont honoré de leur amitié & diftingué par leur eftime, ne trouveront pas mauvais, fi en me reffouvenant avec toute la reconnoiffance, je peux même dire tendreffe refpectueufe, de tous les fentimens qu'ils m'ont marqué au-delà de mes mérites, je n'abandonne qu'avec le dernier foupir la confiance que j'ai dans leur générofité naturelle, qu'ils voudront bien s'employer tous auprès de Sa Majefté Très-Chrétienne en faveur de mon Fils, & de tous ceux que concerne ma préfente

Difpofition. J'ofe dire que ce Monarque, digne fuccesseur de Louis le Grand , ne fauroit mieux employer les fentimens qu'il a hérité de ce Roi, qu'en faveur des dernieres & très-humbles prieres que je lui adreffe par ma préfente pour ce même effet. Il eft vrai que je ne ferai plus que poufliére & cendre , lorfqu'elle arrivera jufqu'à fes oreilles : mais ce fera juftement par-là qu'il marquera le plus les fentimens de fa charité, de fa piété, & de fa clémence , s'il écoute la voix d'un néant ; puifque fes vûes feront par-là d'autant plus éloignées de toutes celles que les confidérations mondaines & la raifon d'Etat infpirent aux Princes. C'eft pourquoi je ne rappellerai pas non plus les motifs qui pourroient rendre ma mémoire intéreffante. Je ne ferai plus ce Prince , le jouet des plus cruels revers de la fortune depuis fon berceau, expofé aux pourfuites les plus odieufes & aux calomnies les plus attroces, exclus des Terres des Princes Chrétiens, & réduit depuis tant d'années au pain des Turcs. Mais les deux Enfans que je laiffe, & ceux en faveur de qui j'implore la clémence du Roi, & j'ofe même dire fa juftice, ne changeront d'état qu'en empirant. Si j'euffe voulu faire valoir quelques motifs pour rendre Sa Majesté sensible à ma derniere voix, j'aurois rapporté les sentimens de bonté que son Bisayeul a eu pour moi ; & c'est en quoi j'aurois pû en appeller au témoignage de tous les Princes & Princesses de son Sang, de tous ses Courtisans, & je pourrois dire presque tous ses Sujets. Je ne m'étois jamais imaginé d'avoir mérité ses bontés, par les entreprises qui ont eu du rapport aux intérêts de sa Couronne : cependant il m'a donné des marques si sensibles d'estime, que j'aurois pû croire qu'il a plutôt voulu rendre justice à l'attachement qu'il avoit reconnu en moi pour sa personne : attachement auquel mon cœur avoit certainement plus de part que mon devoir & ma situation même. Aussi ai-je vû finir mon bonheur mondain avec la vie de ce grand Monarque ; & j'ai en même tems heureusement reconnu, qu'il n'y avoit que le Créateur qui méritât de moi un attachement de cette nature. Sa grace miséricordieuse m'ayant affermi depuis dans cette pensée, elle m'avoit conduit dans la solitude ; & après m'avoir rendu aimable la séparation du monde, elle m'a amené ici, pour me donner des occasions de pratiquer ce qu'elle

m'avoit appris dans la retraite. Ainſi éloigné de tout ce que le monde appelle plai-
ſirs, & détaché des frivoles deſirs de ſes
biens, en me préparant à quitter la vie,
je ne reſſens que les mouvemens de la
charité pour ceux que je laiſſerai dans un
état pitoyable, ſi Sa Majeſté Très-Chrétienne n'a pas d'égard à ma derniere priere, que je réitére en leur faveur, en le
conjurant par les entrailles de la miſéricorde de Jeſus-Chriſt, de ſe laiſſer tou-
cher à leur état ; étant aſſuré que ſi Dieu
m'accorde le ſalut que la foi me fait eſpérer avec une ferme confiance, je ne ceſ-
ſerai de prier pour la proſpérité de ſon
Régne.

Je croirois manquer à l'amitié & à la
confiance que j'ai toujours eu en Monſieur
le Duc, en Monſieur le Comte de Charolois, en Monſieur le Duc du Maine, & en
Monſieur le Comte de Toulouſe, ſi je ne
m'adreſſois pas à ces Princes particulierement, pour les prier de faire exécuter
mon préſent Teſtament. La ſituation dans
laquelle je me trouve, me doit excuſer,
ſi je parois par-là franchir les bornes de la
bienſéance & de la conſidération, dans laquelle l'humiliation de mon état me devroit peut-être contenir. Mais bien loin

de m'arrêter, je sens que le souvenir de leurs sentimens généreux m'encourage, pour leur recommander particuliérement le Sieur Molitard, Gentilhomme François que j'ai élevé, mes Valets de Chambre François, & ceux de mes Domestiques de cette Nation qui pourroient être capables de les servir : puisque je ne suis pas en état de les assurer de leur pain pour le reste de leurs jours, & de récompenser suffisamment leur fidélité.

Ayant ainsi rempli mon devoir temporel en faisant ce que je peux par cette Disposition Testamentaire, écrite & signée de ma propre main, lui donnant toute forme & validité ; je vous recommande mon Ame, ô mon Dieu mon Créateur ! Retirez & recevez-la quand il vous plaira dans vos demeures éternelles. Je veux mourir dans la sainte Foi de l'Eglise Catholique, Apostolique & Romaine, dans laquelle votre miséricorde infinie m'a fait naitre. Je crois tout ce qu'elle enseigne, je déteste tout ce qu'elle désaprouve ; & je vous prie de m'accorder la grace de recevoir dignement les Sacremens de l'Eglise dans l'usage de mes sens, & le don de la persévérance dans mon agonie, pour que je meure dans votre grace, &

que j'expire en faifant un acte de votre amour.

Fait à Rodofto le 27 d'Octobre 1732;
Signé, FRANÇOIS PRINCE &c.

Mort le 8 Avril 1735.

*Lettre écrite fous cachet volant , aux quatre
Princes Exécuteurs Teftamentaires , le
vingt-fix Juin 1735.*

MESSEIGNEURS,

Nous efpérons de la bonté de V. A. S.
qu'elles n'improuveront pas la liberté que
nous prenons de leur envoyer avec tout
le refpect convenable , le Teftament de
feu S. A. S. Monfeigneur le Prince de
Tranffilvanie. En cela nous nous confor-
mons à fes intentions & fentimens, qu'il
a marqué dans ce dernier dépôt de fa confiance en V. A. S. en les priant de vouloir bien s'intéreffer à l'exécution de fon
Teftament, & de lui donner cette derniere marque de l'amitié & de l'eftime
dont elles l'ont honoré pendant fa vie.
C'eft, Meffeigneurs, le feul Acte authentique que nous ayons trouvé après fa

mort, feu S. A. S. n'ayant pas eu le tems dans sa maladie de retoucher à sa Disposition Testamentaire, ayant été prévenue lorsqu'elle se disposoit à le faire, par une mort aussi inattendue, qu'affligeante pour nous. Mais dans ce malheur, nous croyons avec raison devoir mettre notre consolation & notre espérance dans la générosité de V. A. S. espérant que sensibles à cette derniere & si touchante marque de la confiance du Prince défunt, & touchées du triste état de cette Famille orpheline & destituée de son Chef dans une Terre étrangére, elles voudront bien employer tout leur crédit, & unir de concert leurs bons offices auprès de Sa Majesté Très-Chrétienne, pour la porter à écouter favorablement la très-humble priere que lui fait dans son Testament un Prince qui a toujours été attaché aux intérêts de sa Couronne, & que le feu Roi son Bisayeul de glorieuse mémoire honoroit de sa bienveillance. Par-là, Messeigneurs, vous signalerez cette magnanimité & cette générosité si naturelle à l'illustre Sang dont vous sortez. Pour nous, n'espérant pas de pouvoir selon nos desirs, assez marquer notre juste & respectueuse reconnoissance envers V. A. S. nous prierons le Seigneur de nous acquitter en répandant sur Elles ses plus précieuses bénédictions. C'est avec ces sentimens, accompagnés du plus profond respect & d'un dévouement sans réserve, que nous avons l'honneur d'être &c.

Lettre à Monseigneur le Comte de Toulouse.

MONSEIGNEUR,

Après nous être acquittés d'un devoir général & de bienséance, par la Lettre qui accompagne le Testament de feu S. A. S. le Prince de Transsilvanie, nous croyons devoir remplir une obligation particuliere envers V. A. S. Connoissant dès longtems sa bonté & sa générosité singuliere, l'estime dont elle honoroit notre défunt Prince, & la confiance cordiale qu'il avoit en son amitié; nous ne pourrions mieux correspondre à ses sentimens, qu'en marquant à V. A. S. que nous mettons en Elle notre plus grande espérance, ne doutant pas qu'Elle ne veuille donner les dernieres marques de son amitié pour feu S. A. S. aux Princes ses Enfans & à sa Maison, qu'Elle lui recommande d'une maniere si touchante ; en s'intéressant fortement à l'exécution de son Testament, & employant auprès de Sa Majesté Très-Chrétienne tous les moyens que V. A. S. selon sa haute prudence jugera convenables. Nous cependant, Monseigneur, unissons nos vœux pour la conservation & prospérité de V. A. S. & de son auguste Famille.

Nous avons l'honneur d'être avec un profond respect, & un parfait dévouement, &c.

Lettre à Monsieur l'Ambassadeur de France à Constantinople.

Ne soyez pas surpris, Monsieur, que ce soit ma propre Lettre qui annonce ma mort à Votre Excellence : car l'ayant écrite en pleine santé, j'ai ordonné que les premiers de ma Maison vous l'envoyassent avec une notification de leur part. J'ai disposé de tous mes effets par deux différens Testamens, un en Latin qui concerne les effets que j'ai ici, & l'autre en François qui regarde ceux que je crois avoir en France. La fidélité que m'ont toujours témoigné ceux qui sont actuellement revétus des premieres Charges de

ma Maison, m'assure qu'ils suivront exactement les ordres que je leur ai laissés.
Mais pour qu'ils puissent être exempts de
toute médisance & calomnie, je vous
prie d'envoyer sur les lieux, aussi-tôt que
vous recevrez ma présente, votre Chancelier, avec David Magy & un autre Mar-
chand de cette probité; à savoir votre
Chancelier, pour attester la vérification
des Inventaires; & les susdits Négocians,
pour faire l'estimation de mes effets. Dieu
m'ayant inspiré une charité vraiment paternelle pour tous mes Domestiques, il
n'y a que leur sort qui m'inquiéteroit, si
j'avois moins de confiance en sa Providence; ensorte que j'espére qu'elle leur
rendra les Ministres de la Porte favorables, pour qu'ils puissent suivre tous le
parti qu'ils trouveront convenable à leur
dessein particulier. Car ma Maison se trouvant composée de tant de Nations différentes, elle sera un véritable Troupeau
sans Pasteur. Si cependant ma prévoyance
étoit illusoire en ce point, je prie instam-
ment Votre Excellence de vouloir bien
interposer l'autorité du Roi, sous la protection duquel je les mets tous, pour leur
procurer une sureté entiere, & la liberté
de suivre mes dispositions, qui seront

communiquées à votre Chancelier. Je prie Monsieur le Duc de Bourbon, Monsieur le Comte de Charolois, & Monsieur le Comte de Toulouse, de faire exécuter mon Testament écrit en François ; car ces Princes m'ont toujours témoigné tant d'amitié, que j'aurois cru faire tort à la confiance que j'ai dans leur générosité, si j'eusse fait autrement. Il est vrai que ma situation, que vous connoissez, Monsieur, ne m'a pas permis de donner d'autres formalités à mes Testamens, que celles de les écrire en pleine santé d'esprit & de corps, de ma propre main ; mais n'ayant pas de proches parens ni en Hongrie ni ailleurs, pour y faire des oppositions, mes pauvres Enfans se rendroient malheureux devant Dieu s'ils vouloient les déranger ou contester. Enfin j'ai fait tout de mon mieux, & en cela n'ayant rien à me reprocher, j'envisage sans frayeur le dernier moment de la miséricorde de Dieu. Soyez assuré, Monsieur, que ce ne sera que ce dernier moment, qui mettra des bornes à l'estime & à la considération que j'ai pour Votre Excellence, &c.

TABLE

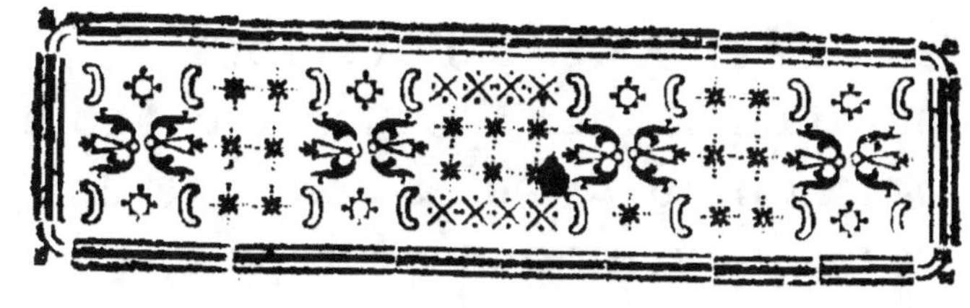

TRAITÉ

DE

LA PUISSANCE

Ecoutez Princes, & peuples de la terre, le Seigneur m'a appellé du sein de ma mere, non pour m'établir en prophete, docteur, ou réformateur, mais en exemple de sa justice dans mon abaissement & de sa miséricorde, dans ma conservation, & mon humiliation. Qu'il me soit donc permis d'élever ma voix du fond de la solitude ou plûtôt de l'antre obscure de mon pélerinage, & de parler à mes enfans dans l'effusion de mon cœur, & la candeur de mon ame.

A

puiſqu'il ne me reſte que cette ſeule
occaſion où je puiſſe, & où je doive me ſouvenir que je ſuis pere.

J'entreprens un ouvrage convenable en tout ſens à la vérité, conforme à ma vocation, mais je vais traiter
une matiere qui bleſſe la cupidité, &
qui par-là ſera expoſée à bien des
cenſures, & de jugemens, peut-être
même à l'indignation des hommes;
auſſi n'auroit-elle jamais vûe le jour,
ſi mon état, & celui de mes enfans ne
m'eût engagé à paſſer par-deſſus ces
conſidérations, pour rendre public ce
Traité de la Puiſſance, afin qu'il pût
plus facilement parvenir à ceux à qui
il eſt adreſſé, & à qui il peut être utile; mais que les lecteurs qui ſe plai-
ſent dans une érudition recherchée
& qui n'aiment que des apophteg-
mes, des ſentences & des paroles re-
marquables des anciens ſages, ne
s'attachent point à la lecture de ce
petit ouvrage, & que ceux qui
cherchent la délicateſſe du ſtile, ne
commencent pas même à le lire,
car j'ai écris ce que je dis aux con-

fins de l'Europe éloigné de tout commerce des favans & des fages, deftitué de tout fecours de livres , & loin de rechercher une fcience mondaine, j'ai voulu & il a fallu proportionner à la fimplicité chrétienne les maximes qu'un Prince, & un pere chrétien tranfmet à fes enfans pour fujet de leurs reflexions, & pour modele de leur conduite, afin que fi la toute-puiffante providence de Dieu les a appellés à obéir , ou à commander ils fachent faire l'un, & l'autre chrétiennement.

Dans cette vue j'ai tiré de l'Ecriture , c'eft-à-dire de la parole de Dieu, l'origine de la puiffance donnée de Dieu aux hommes, de fixer fes bornes felon fon efprit, m'attachant à me conformer à la droite raifon & non aux fentimens & opinions de tous les Auteurs , & me foumettant à la doctrine de la fainte Eglife orthodoxe catholique, Apoftolique & Romaine, dans la filiale obéiffance qui lui eft dûe. Je demande aux Princes de ne pas croire que je veuille entreprendre de détruire la puissance qu'ils ont reçue de Dieu qui est par conséquent légitime, ni de fomenter l'esprit de révolte & d'indépendance, qui n'est que trop affecté à l'humanité : je demande cette grace aussi aux Théologiens, & aux Sçavans de ne pas s'attacher trop scrupuleusement aux expressions impropres qui ont pû m'échapper.

C'est à vous adorable providence de la divine Trinité que j'offre ces conseils d'un pere à ses enfans. Je vous les présente dans l'esprit d'humilité, devant la Majesté de votre vérité & parole. Regardez d'un œil favorable la pureté de mon intention, & de mes obligations paternelles, gouvernez mon entendement, guidez ma plume afin que mes ecrits soient bien plus de vous que de moi-même, & que toute la gloire vous en soit rendue par ceux qui les liront. Ainsi soit-il.

PREMIERE PARTIE.

De la puissance de la droite Raison.

CHAPITRE PREMIER.

De la Puissance donnée de Dieu à l'Homme.

DIeu à créé l'homme à son image & ressemblance, dit l'Ecriture, car après que son infinie bonté, eut résolu d'étendre en quelque maniere sa gloire hors de lui-même, & que sa parole toute puissante, eut tiré du néant, ou produit & formé les élemens, la terre, & toutes les créatures, d'une substance déja créée, que pouvoit-il y avoir de plus convenable à sa gloire que de proposer à toutes les créatures son image & ressemblance? Il la forma du limon de la terre & fouflant dans fa face elle devint une ame vivante, mais qui dans ce compofé d'argile eût pû reconnoître l'image & reffemblance du Créateur, fi l'Ecriture même ne nous l'eût défigné dans le texte déja cité ? Nous favons que Dieu eft efprit par fa révelation même, & quoique perfonne n'ait vû l'ame de l'homme, la raifon, c'eft-à-dire elle-même connoît fon exiftence, & croit par la foi qu'elle eft éternelle. Une fubftance donc qui par fa propre idée connoît fon exiftence eft une véritable image du Créateur dans l'homme. L'invifibilité de cette ame eft une propriété de la fimplicité, & cette fimplicité eft une propriété de la droiture, ou de la vérité. Cette droite raifon eft donc l'image de Dieu, parce qu'il eft fimple, & comme elle n'a été créée que par le foufle, elle a reçû fon être de Dieu. Cette image de la Divinité ayant été ainfi imprimée dans l Homme, Dieu lui donna le fouverain domaine fur toutes les créatures, pour qu'il leur commandât ; mais il n'auroit pas encore été semblable à Dieu, si après avoir obtenu cette puissance il n'eût acquis en même tems le libre arbitre, c'est-à-dire la puissance de la propre volonté, qui lui fut donnée si ample, & si illimitée qu'il eut le pouvoir de contrevenir même au précepte de son Createur, & nous n'avons que trop reconnu cette étendue étonnante de sa liberté par cette prévarication qui est devenue si funeste à sa postérité.

Dieu donna une puissance si sublime à la volonté de l'homme & un empire si étendu sur toutes les créatures, que ni les Anges, ni les diables n'en n'ont point de semblable. C'est cette libre volonté qui est la ressemblance de la puissance de Dieu, que la droite raison comme image de Dieu devoit conduire & modérer dans le premier homme, mais parce qu'il préfera sa volonté à la droite raison qui devoit le contenir dans les bornes de l'obéissance due au Créateur, il a justement porté la peine de sa pré-

varication & de son péché. Voyons
ce qui en est arrivée.

CHAPITRE II.

De la puissance donnée à l'homme par la Cupidité.

CE fut le premier homme formé à l'image & ressemblance du
Créateur, qui commit le premier
crime de leze Majesté, de rebellion,
& d'infidélité, parce qu'il n'obéit
pas à la puissance de Dieu son Créateur, n'observa pas sa loi, & enfin
prefera sa propre volonté à celle de
son Souverain Maître, & s'éloignant
par là de la droiture de sa raison, il
abusa du pouvoir de sa volonté.
C'est par-là qu'il en courut la juste
sentence de mort; sans perdre cependant l'image & ressemblance de
Dieu, & retint par conséquent & la
droite raison, & la libre volonté,
& le pouvoir sur les créatures, mais
hélas ! il paya cher la faute de sa

désobéissance, puisqu'il fut livré lui-
même à la puissance de sa cupidité,
& ce fut la loi du péché, que comme il avoit fait en péchant, il
ne peut déformais plus dans la conduite de sa vie, & dans ses œuvres
agir par ses forces naturelles : mais
par la suggestion de sa cupidité,
la droite raison devoit contenir la
volonté de l'homme sous ces deux
loix, de faire aux autres ce qu'il voudroit qui lui fût fait, & de ne leur pas
faire ce qu'il ne voudroit pas qu'ils
lui fissent. Mais cette loi si équitable
de la droite raison fut tellement obs-
curcie, par la cupidité, qu'il ne s'est
trouvé après le péché du premier
homme qu'un petit nombre de Patriarches & d'Elus qui l'ayent gardée

Par la cupidité cet amour propre, & désordonné dont l'homme commença à s'aimer plus que
la justice, il s'arrogea le pouvoir,
mais un pouvoir illegitime & usurpé
de faire tout pour lui-même, & c'est
là l'origine de ce criminel orgueil
qui attaque la puissance de Dieu mê-

me fon Créateur, à qui feul appartient de tout faire pour lui, & pour
fa gloire. C'eft ce malheureux pouvoir dans l'homme, que la volonté dépravée fuivant fon funefte penchant, après avoir obfcurci les fai-
nes lumieres de la raifon, étend plus
ou moins felon la mefure de fon
amour propre, mais il eft illegitime,
injurieux à Dieu, & l'homme droit
eft tenu d'y réfifter.

Quand donc l'Apôtre dit que
toute puiffance eft de Dieu, il entend la puiffance légitime donnée de Dieu aux hommes, & non
l'illégitime que l'orgueil, l'amour
propre, & la cupidité, ce funefte
fruit du péché leur a donnée & à qui
le faint Efprit nous enfeigne par S.
Pierre, & S. Jean, de réfifter, lorfqu'ils difoient devant le confeil d'u-
ne puiffance fouveraine : Qu'ils devoient obéir à Dieu plûs-tot qu'aux
hommes.

Après avoir ainfi recherché les
différentes fources de la puiffance légitime qui vient toujours de
Dieu, & de l'illégitime qui provient

de la corruption de la nature, considérons l'histoire du genre humain
pour y démêler les œuvres de Dieu,
d'avec celles des hommes, delà cou-
leront comme de leur source les principes de la puissance légitime selon
lesquels l'homme chrétien doit commander, & obéir.

L'infinie bonté de Dieu n'a pas
voulu que le fil des exemples qui
peuvent nous les démontrer fut
interrompu, mais si nous les cher-
chions dans les histoires propha-
nes nous nous écarterions des œuvres
de Dieu pour rechercher celles des
hommes, & nous pourrions nous
égarer dans les Ecritures mêmes si
nous ne nous attachions pas exactement à l'histoire & aux exemples des
Patriarches, & du Peuple de Dieu.
Nous descendrons ainsi comme par
dégré jusqu'à l'avenement de notre Sauveur, au commencement,
à la propagation & pour ainsi dire à l'établissement temporel de
son Royaume nous verrons les
œuvres de la puissance légitime, &

A vj

donnée de Dieu, & celles de la
puiſſance illégitime, qui ne finira
qu'avec l'eſprit du monde, & la deſ-
truction du regne de l'Ante-Chriſt à
la fin de ſiécles, où la véritable
puiſſance du Roi des ſiécles triom-
phera ſur ſes ruines, & tous ſes ennemis lui ſerviront de marchepied.

CHAPITRE III.

De la liberté de l'homme.

NE craignons pas de dire, des
choſes contraires d'abord en
apparence, mais cependant vraies,
& conformes, & diſons qu'il n'y a
point de légitime puiſſance ſans liberté & que la vraie liberté ne peut
ſubſiſter ſans puiſſance qu'elle ne dé-
genere en licence. Nous avons vûe
dans les articles précédens, que le
Créateur a ordonné à la créature formée à ſon image & reſſemblance la
puiſſance de la droite raiſon pour régir ſa volonté, & la puiſſance de la

même volonté, mais quoique sa volonté ait été si libre qu'elle ait pû ou-
tre-paſſer les bornes de la loi, ce n'eſt
qu'en excédant la meſure de la
vraie liberté qu'elle ſe feroit changée en licence, puiſqu'en ſuivant
les impreſſions de ſa raiſon, elle auroit touiours dû reconnoître la Souveraine puiſſance du Créateur, & par
conſéquent de ſa Loi, mais après
qu'en s'éloignant de Dieu par une
licentieuſe rebellion il eût perdu ſa
véritable liberté ; au lieu de la jouiſ-
ſance de la droite raiſon à qui il auroit dû être ſoumis, il tomba lui-
même ſous le joug de ſa cupidité.
La vérité de cette propoſition avan-
cée au commencement de ce Chapitre paroît en Dieu même ; car cet
être ſouverainement libre dans ſon
incompréhenſible & immenſe liberté eſt tellement limité, & pour ainſi
dire reſtreint dans les bornes de la
juſtice, que s'il pouvoit agir injuſte-
ment il ne feroit pas Dieu ; mais parce qu'en Dieu, la juſtice de Dieu
n'eſt pas diſtinguée de Dieu même,

Dieu eſt un Etre libre, parce qu'il n'eſt aſſujéti qu'à la juſtice, qui n'eſt autre que lui-même, & cependant il ne lui eſt pas ſoumis parce qu'il eſt celui qui eſt, mais il n'en eſt pas de même de la créature, qui ne tenant d'elle-même, ni ſon être, ni ſa juſtice propre & particuliere, mais la recevant de Dieu, eſt ſoumiſe à ſa juſtice originale & incréée; car s'il vient à s'en éloigner ſa juſtice ſe convertit en injuſtice, & en un péché énorme qui oppoſe la créature au Créateur; mais dans cette fauſſe liberté même, elle ne peut ſe ſouſtraire à la juſtice de Dieu, & c'eſt-là la ſuprême & inévitable puiſſance ſur toute créature, dont les voies ſeront manifeſtées dans ce grand jour, où toute créature ſera citée au jugement de Dieu; quoique la nature humaine ſe ſoit oppoſée à la juſtice de Dieu, comme on a dit, elle n'a pû s'exempter de ſa puiſſance; mais parce qu'elle s'eſt écartée de la droite raiſon, & de la ſuprême volonté incréée, pour revenir à sa volonté, à elle-même, & que pour ainsi dire l'homme se détournant vers l'homme s'est librement soumis à lui-même, l'homme par le péché a obtenu la puissance sur l'homme, & c'est-là l'origine de la puissance qui représente Dieu sur la terre, qui pour être légitime doit être reconnue par la libre volonté de l'homme, comme nous verrons dans les exemples rapportés ci-après, car l'homme a reçu une si grande liberté par laquelle il est véritablement semblable à Dieu, que cet Etre souverain ne la contraint point, mais il la tourne à son gré par le pouvoir de sa grace, de sorte qu'il est toujours vrai de dire que Dieu dirige où il veut le cœur de l'homme, & qu'il fait tout ce qui lui plaît; mais cependant l'homme n'est jamais contraint de telle façon qu'il ne puisse résister, & combien de fois hélas! ne résiste-t-il pas au Saint Esprit, suivant le témoignage de l'Ecriture même. Il y a de la folie à dire que l'homme a perdu sa liberté. Car la justice de Dieu ne seroit pas justice, & par conséquent il ne seroit pas Dieu s'il punissoit l'homme pour un péché auquel il s'efforceroit lui-même, ou s'il récompensoit de bonnes œuvres, qu'il auroit faites malgré lui, & contraint par la grace plûtôt qu'attiré par sa douceur : car son attrait n'est pas un joug impérieux ; mais une douce impression du cœur ; reconnoissons donc avec l'Eglise la liberté de l'homme qui, dans l'état de la nature corrompuë par une funeste & naturelle pente tend toujours vers le mal.

Cette partie de ma proposition suffira pour le sujet que nous avons entrepris de traiter, plûtôt d'une maniere temporelle, que spirituelle : c'est pourquoi nous rapporterons tout ce qui sera dit dans cette premiere Partie du traité à la liberté requise pour les actions purement morales, d'où peut-être nous étendrons le mot de bon à celles qui sont bonnes pour la vie temporelle, autant qu'elles

font faites par la raison naturelle;
mais qui ne font jamais bonnes, &
n'ont aucun prix ni efficace en ce
qui concerne le falut, & la vie fpirituelle.

Les malheureux effets de la liberté humaine corrompue par le
péché paroiffent dans les paroles
de l'Ecriture : il y eft dit que Dieu
fe repentit d'avoir créé l'homme,
& qu'il n'y eut que Noë, qui fut
trouvé Jufte fur la terre ; il nous
fuffit de favoir que Dieu fut irrité
parce que la chair avoit corrompu
fa voie, c'eft-à-dire que perfonne
ne fuivoit les impreffions de la
droite raifon, mais les fuggeftions
de la chair. Voilà un abregé bien
court de l'hiftoire du genre-humain
jufqu'au déluge ; après lequel un
nouveau monde fortit pour ainfi dire des eaux; les forces de la chair
commencérent à diminuer, & par
conféquent la vie de l'homme à été
abregée ; le feul Noë refta Monarque & Vicaire de Dieu fur la terre.
Il avoit commandé dans l'Arche

aux animaux qu'il avoit confer-
vés ; & les fucceffeurs guidés par
la droite raifon reftés fidéles à
Dieu, dans la ligne directe de Sem,
ne furent affujettis à aucune puiffance humaine, tandis que la cupidité regnoit dans les autres.

Peut-être ne feroit-il pas convenable à un Chrétien de tirer
des principes fur les faits de ceux
qui en font venus à cet excès de folie d'adorer des idoles formées de la
main des hommes, au mépris du
Culte de Dieu. L'Ecriture nous apprend qu'Abraham, & fa poftérité
ont vécus libres, riches & puiffans
dans leur pelérinage, & perfonne
ne peut douter que ce ne foit la loi
de nature, ou de la droite raifon
qui a formée leur légitime gouvernement.

CHAPITRE IV.

De la puiſſance de la droite raiſon en l'homme, dans l'état de la nature corrompue.

SI l'on prend dans un ſens rigou-reux la puiſſance de la droite rai-ſon, qui doit diriger l'homme dans cette vie, en ce qu'elle doit ſe confor-mer à la Loi ſuprême de la juſtice de Dieu, pour parvenir à lui com-me à ſa véritable fin, c'eſt un effet de la grace ſurnaturelle, & ce n'eſt pas la nature corrompue, mais la miſéricorde de Dieu, qui donne cette puiſſance aux hommes, c'eſt pour cela qu'il faut ici conſidérer la puiſſance de la droite raiſon natu-relle, qui demeure à l'homme dans l'état de la nature corrompue pour agir moralement bien, & c'eſt ce qu'on appelle conſcience, que la

cupidité a coutume de corrompre
dans l'homme en diverses manieres,
non-seulement par rapport au salut,
& à la vie spirituelle, mais encore par rapport aux œuvres morales,
en lui représentant le faux sous l'apparence du vrai.

C'est la puissance de la droite raison, qui a dictée, comme nous
avons remarqué les loix de la nature, & de celles-ci, sont dérivées les
loix positives selon lesquelles la justice qui représente Dieu sur la terre
est exercée ; cette droite raison outre les noms de conscience, de justice, a encore celui de vertu, &
celles-ci, sont divisées en différens
ruisseaux, qui émanent de la même
source, & autant que ses effets s'é-
tendent sur tous les hommes ; on
l'appelle bien public, car la tranquillité, la paix, la justice, l'abondance, les richesses & l'ordre du
gouvernement, procédent de l'empire, ou puissance de la droite raison ; mais ce qui doit paroître admi-

rable , & ce qui manifeste bien évidemment le pouvoir de la droite raison dans l'homme, c'est que quoique ceux , qui dans la conduite de leur vie suivent les suggestions de la cupidité , soient en beaucoup plus grand nombre que ceux qui vivent suivant la droite raison ; cependant la voix du peuple est appellée la voix de Dieu, & rend témoignage à la vérité ; & les loix établies , ou acceptées par les peuples , qui ont agi librement , & non par contrainte, ont toujours été trouvées conformes à la justice & à l'équité ; nous disons des peuples qui n'ont pas été forcés, qui ne se sont pas laissés emportés à la fureur, ou divisés en partis & en scissions : car où les mouvemens violens dominent, la raison est rarement consultée.

Y eut-il jamais d'entendement obscurci, de plus épaisses ténébres d'aveuglement & d'ignorance , que celui des Gentils qui se forgeoient des Idoles , & adoroient des Dieux coupables des mêmes crimes, que leurs loix puniſſoient dans les hommes? Cependant malgré une telle diſpoſition de leur entendement, la droite raiſon regnoit dans le cœur des Légiſlateurs, qui ont fondé ces fameuſes Républiques, Royaumes & Monarchies de l'Antiquité : Si nous recherchons comment ce peuple qui eſt appellé un monſtre à cent têtes, peut cependant rendre témoignage à la vérité, ou établir des loix équitables ; nous en trouverons la raiſon, en ce que la cupidité agit plus violemment en l'homme dans les actions particulieres, & que la droite raiſon, la vertu, la probité ſont toujours préférées dans les actes publics, où la cupidité même & l'amour propre recherchent l'amour & l'eſtime du peuple, craignent ſon jugement, & n'oſent ſe montrer à découvert, & prennent le manteau de la probité & de la vertu ; & c'eſt ainſi que ſouvent malgre ſoi, & contre ſon propre penchant on rend en partie témoignage à la vérité, & on fait des loix que la cupidité ne craint pas de violer dans le particulier.

On trouve plusieurs personnes, qui sont esclaves de leurs passions & sensualités ; mais il est rare d'en trouver qui secoüant tout joug de la pudeur & de la droite raison, commettent en public les crimes, qui sont ou qu'on croit contraires à la probité ; à moins que l'autorité publique & unanime de ceux avec qui ils sont en commerce, ne les regarde plus comme contraires à la probité. De tout cela concluons donc en premier lieu que la puissance de la droite raison, a resté à l'homme même dans l'état de la nature corrompue, & que cette puissance est de Dieu, à qui il n'est pas permis de résister. Concluons en second lieu que les loix publiques sont des émanations de la droite raison, & qu'en leur résistant, on résiste à Dieu, & à la puissance donnée de

Dieu, concluons troisiémement, & en dernier lieu, que les loix établies par la voix & consentement unanime, ou presque unanime du peuple, portent avec elles un caractere plus sensible de la droite raison, que celles qui sont formées par l'autorité d'un seul homme : ce que la droite raison doit inspirer à l'homme pour lui faite vouloir ce qui est bon ; nous l'appellons puissance ; mais dans la corruption de la nature, c'est-à-dire dans son état après le péché.

Cette seule puissance n'eût pas suffi pour affermir la Société des hommes; car par un déreglément ordinaire à l'homme qui abuse dans ses actions particulieres de la liberté de sa volonté, il préfére souvent ce qui flate sa cupidité à ce qui concerne le bien public de la Société. Il a donc fallu produire au dehors les effets de la droite raison, & ce sont les loix, & celles-ci mêmes n'auroient pû contenir l'homme dans le devoir; si les hommes n'eussent accordé aux

hommes

hommes le pouvoir coactif de rendre visible dans la personne de ceux
qui devoient commander, la puissance invisible de la raison, & afin
que par leur ministere, l'équité &
la sécurité de la justice fût exercée
par des peines afflictives, contre
ceux qui désobéiroient à la puissance
de la droite raison, exprimée par
les loix. On dit que ce fut Nembrod, qui exerça le premier la puissance coactive, non de la saine raison; mais de la cupidité, en s'arro-
geant l'empire sur les autres.

Il paroît clairement que la force ou
puissance coactive a été donnée par
un libre consentement du peuple, ou
à un comme Rois & Princes, ou à
plusieurs comme les Magistrats, d'où
il est évident que tous ceux, à qui ce
suprême pouvoir est donné légitimement, c'est-à-dire par les libres suffrages du peuple, sont les images,
& les Vicaires de la puissance de
Dieu, & que comme tels ce seroit
une impiété de leur résister dans les
fonctions de leur Ministere; mais

il ne paroît pas moins clairement,
que quand ces puiſſances viſibles
agiſſent contre les loix, elles réſiſ-
tent les premieres à la puiſſance
des loix de Dieu, & de la droite
raiſon. Quant à ce que nous avons
rapporté briévement, que cette ſuprême coactive puiſſance, & en ce
ſens celle de regner n'a pû être conférée légitimement, que par le libre
conſentement des peuples; afin que
cette vérité ſoit miſe dans un plus
beau jour, parcourons la Théocratie, ou Gouvernement de Dieu ſur
ſon peuple choiſi.

CHAPITRE V.

De la liberté d'origine, du peuple de Dieu.

DIEU renouvella le monde après qu'il eut détruit par le déluge toute ame vivante, & il établit le Juste Noé en Monarque de tout l'Univers, & après sa sortie de l'Arche avec ses enfans il les bénit, & leur dit : Croissez & multipliez-vous, & remplissez la terre. * Il leur rendit le domaine sur toutes les créatures, en disant que tous les animaux de la terre & tous les oiseaux du Ciel soient frappés de terreur, & tremblent devant vous, avec tout ce qui se meut sur la terre : J'ai mis entre vos mains tous les poissons de la mer. Nourrissez - vous de tout ce qui a vie & mouvement ; je vous ai

* Gen. Chap. 9. ℣. 2.

abandonné toutes ces choses comme les légumes & les herbes de la
campagne ; mais afin que les enfans
de Noé, & sa postérité n'étendis-
sent pas criminellement ce pouvoir
sur tout ce qui vit & se meut, il
ajoute : Je vengerai votre sang de
toutes les bêtes qui l'auront répandu, & je vengerai la vie de l'homme de la main de l'homme, & de
la main de son frere qui l'aura tué. *
Quiconque aura répandu le sang de
l'homme sera puni par l'effusion de
son propre sang ; car l'homme a été
créé à l'image de Dieu ; telle a été
la liberté de l'origine du peuple de
Dieu, & en cela il n'y a pas eu de
différence par rapport aux autres
descendans de Noé, & par conséquent à tout le genre humain, &
de-là il paroît que la liberté a toujours été l'appanage de la créature
formée à l'image & ressemblance de
Dieu, qui lui a donné non une por-
tion limitée de la terre, mais tout
l'Univers, non certains animaux

* v. 4. & 5.

pour fa nourriture, mais tout ce qui
a vie; le genre humain eft adonné
au luxe au milieu d'une fi ample domination fe répandit comme une
innondation; l'Ecriture rapporte,
comme nous avons déja dit, que
Nembrod commença le premier à
être puiffant fur la terre, mais ce
n'eft ni en lui ni en fes defcendans
qu'il faut chercher l'origine d'un
peuple, dont les peres n'ont jamais
été affujettis à aucune puiffance qu'à
celle de la droite raifon, ou à la loi
de nature, & afin qu'ils confervaf-
fent fans tache leur liberté originelle. Dieu appella Abraham de la
maifon de fon pere, & de fa pa-
renté, pour le faire vivre en pelérin fans être indépendant, il le
rendit riche & opulent, fans lui donner aucune terre en propre, mais
en lui permettant de fe fervir de
toutes celles qu'il habitoit; telle
auroit dû être la poffeffion de la
terre fi la cupidité n'eût introduit
la propriété. Car la terre eft au Seigneur, & il en a feulement laiffé

l'ufufruit aux hommes , & c'eſt en ce ſens que Dieu avoit promis la poſſeſſio n de la terre à Abraham, & à ſa poſtérité ; ce n'eſt pas du reſſort de cet ouvrage d'examiner pourquoi Dieu a laiſſé ſi long-tems Abraham pélerin , & qu'il a ſoumis Iſaac & Jacob à ce même ſort ; ces réfléxions ſont ſpirituelles, & on en a traité en d'autres Ecrits : qu'il ſuffiſe de dire ici que la raiſon même de la propagation demandoit qu'ils vécuſſent long-tems dans le repos , ſans ſouiller cependant la liberté de leur origine.

Ce n'eſt pas ſans un deſſein admirable de Dieu, que Joſeph a commandé à toute l'Egypte & que Pharaon reçut le pere & les enfans comme ſes hôtes , & comme tels, leur donna la terre de Geſſen à habiter. * Suivant l'Ecriture le peuple d'Iſraël habita pendant quatre cens trente ans la terre d'Egypte , & s'y multiplia grandement , cependant il s'éleva dans l'Egypte un nouveau Roi, à

* Exod. Chap. 10. v. 40.

qui Joseph étoit inconnu , & il dit à son peuple : * Vous voyez que le peuple d'Israël est devenu très-nombreux, & qu'il est plus fort que nous; opprimons-les donc avec sagesse de peur qu'ils ne se multiplient encore davantage , & que si nous nous trouvions surpris de quelque guerre ils ne se joignissent à nos ennemis , & qu'après nous avoir vaincu , ils ne sortissent d'Egypte. Il établit donc des Intendans des ouvrages , afin qu'ils accablassent les Hebreux de fardeaux insupportables ; & ils bâtirent à Pharaon des Villes pour servir de magasins, à savoir Phiton & Ramessées.

Quel est le politique mondain qui ne trouvera pas ce conseil prudent ? Mais quel est celui qui pourra le trouver conforme à la loi de nature, ou qui nous dit : Ne faites pas aux autres ce que vous ne voudriez pas , qu'ils vous fissent. Qu'on consulte les politiques si Pharaon a eu le droit de commander sur le peuple d'Israël, s'il

* Exod. Chap. 1. v. 8.

B iiij

a pû le contraindre aux travaux publics ; qui eſt celui qui ne dira pas qu'un peuple né dans les terres de la domination de Pharaon, eſt devenu ſon ſujet par la preſcription de pluſieurs ſiécles, & par ſon libre conſentement, & a pû être contraint aux travaux qui concernent l'utilité publique ? Perſonne à la vérité ne pourra démontrer par l'Ecriture que tout le peuple d'Iſraël ſe ſoit volontairement ſoumis à Pharaon, mais ceux qui croient que le ſilence vaut un conſentement, diront donc que la force coactive du Roy d'Egypte dans l'établiſſement des Intendaus, commis pour avoir ſoin des ouvrages publics, a été entierement légitime ; ce ſeroit là l'opinion commune ſi les politiques du ſiécle oſoient s'oppoſer à l'autorité de l'Ecriture, peut-être même qu'il s'en trouvera qui diront que ce cas, & ce peuple doivent être exceptés de la loi commune ; & ne peuvent tirer à conſéquence, & qu'enfin il a plû à Dieu d'en agir ainſi, & que ſes jugemens ſont une abîme impénétrable, mais laiſſons là ces diſcuſſions, & contentons-nous de ce que dit l'Ecriture *.

Long-tems après le Roi d'Egypte mourut, & les enfans d'Iſraël gémiſſant ſous le poids des ouvrages, qui les accabloient, criérent vers le Ciel, & les cris que tiroit deux l'excés de leurs travaux, s'élevérent juſqu'à Dieu. Il entendit leurs gemiſſemens, & ſe ſouvint de l'alliance, qu'il avoit fait avec Abraham, Iſaac, & Jacob, & le Seigneur regarda favorablement les enfans d'Iſraël, & il les reconnut pour ſon peuple. Qui ne dira que ce texte démontre manifeſtement que Dieu en conſéquence de ſa promeſſe a agi en faveur de ſon peuple; mais oſera-t-on conclure de-là qu'il a fait tort à Pharaon comme légitime Roi d'Egypte, en enlevant un ſi grand peuple à ſon empire ? certainement un Chrétien ſe gardera bien de ce blaſphême, mais tous les

* *Exod. Chap. 2. v. 23*

B v

fages ne conviendront pas, que tout ce qu'on dit des prefcriptions des peuples du tacite confentement, ou de l'irrevocabilité du confentement font la plupart du tems des prétextes qu'apporte la cupidité, & non les impreffions de la juftice de Dieu, & de la droite raifon ; car on dit pour l'ordinaire qu'un Roi pour raifon d'Etat, & du bien public peut expliquer, changer, & felon le fentiment même de quelques-uns, déroger aux loix ; mais on ne dira pas réciproquement, que le peuple en puiffe faire de même pour fon intérêt & confervation ; mais que ce qui lui a plû une fois ne peut plus lui déplaire : de vouloir cependant accommoder à ce fentiment la loi de la nature, ou de la droite raifon, ce ne peut être que la cupidité ; la force & l'autorité agiffent par fa fuggeftion, qui feront des œuvres d'une puiffance rebelle, à la puiffance des loix de la faine raifon, & par conféquent à Dieu. Tandis que le peuple He-

breu fut traité fuivant la loi de
l'hofpitalité , il ne regretta pas
fa liberté, mais d'abord que Pharaon violant la loi de nature , &
fuivant les fuggeftions de la cupidité & d'une fauffe prudence , commença à perfécuter le peuple , il
cria vers Dieu , & il fut exaucé
quoique long-tems après.

Que ceux qui ne diftinguant pas la
puiffance de la cupidité, de celle de la
droite raifon , enfeignent qu'il n'eft
permis de réfifter à aucune puiffance,
recherchent de quel droit & autorité Moïfe s'eft érigé en Juge , *
& s'eft arrogé le pouvoir de tuer un
Egyptien , qui avoit querelle avec
un Hebreu fon frere ; Mais lorfque nous confidererons le peuple
Hebreu libre dans fon origine,
nous trouverons que 'Moïfe a fait
pour fon frere ce qu'il auroit voulu qu'on eût fait pour fa défenfe,
parce que la légitime puiffance de
la droite raifon réfifta pour la défenfe d'un frere à un Egyptien, qui

* *Exod.* 2. *v.* 12.

B vj

uſurpoit un pouvoir illégitime ; cat pour ce qui regarde l'homicide, c'eſt une autre queſtion, que nous ne pourrions évoquer au texte de la Loi Evangélique, ni même de la Loi écrite, mais non encore publiée, ni en juger ſelon ces deux régles : Qu'il ſuffiſe donc pour appuier notre ſentiment que l'Ecriture ne condamne point l'action de Moïſe, & qu'il eſt évident par ce que nous avons rapporté, qu'un ſéjour de plus de quatre cens ans du peuple d'Iſraël, n'a pû faire une preſcription contre la liberté originelle, & que ni les travaux auſquels il a été contraint, ni un prétendu tacite conſentement à la puiſſance des Egyptiens n'ont pû préjudicier à ſa liberté, & par conſéquent que Moïſe a tué l'Egyptien par le même droit, c'eſt-à-dire de la nature & de la droite raiſon, & enfin qu'un peuple libre peut réſiſter à ſes aggreſſeurs. Par les endroits ſuivans de l'Ecriture, il faudra obſerver quelle conduite Dieu a tenue pour délivrer son peuple, que la nature & son origine avoient rendu libre, mais qu'une puissance injuste retenoit dans la servitude.

CHAPITRE VI.

De la Mission de Moïse au peuple.

L'ECRITURE a rapporté au verset déja cité, * que le Seigneur regarda les enfans d'Israël & les reconnut pour son peuple, * Dieu dit donc à Moïse, lorsqu'il étoit encore pelérin, & qu'il fuyoit l'injuste puissance de Pharaon : J'ai vû l'affliction de mon peuple qui est en Egypte : J'ai entendu le cri qu'il jette à cause de la dureté de ceux qui ont l'intendance des travaux, & sachant quelle est sa douleur, je suis descendu pour le délivrer des mains des Egyptiens , & pour le faire

* *Exod 2. v. 25. * Exod. 3. v. 7.*

paſſer de cette terre, dans un Pays d'abondance. * Le cri des enfans d'Iſraël eſt donc venu juſqu'à moi : J'ai vû leur affliction & de quelle maniere ils ſont opprimés par les Egyptiens ; mais venez, & je vous envoyerai vers Pharaon, afin que vous faſſiez ſortir de l'Egypte les enfans d'Iſraël qui ſont mon peuple.

Conſidérons en tout cela premierement que Dieu a choiſi non un Prince ou un homme étranger, mais un d'entre ſon peuple, pélerin comme lui, pour exécuter une ſi haute entrepriſe, dans laquelle il vouloit faire éclater aux yeux de ſon peuple la force de ſon bras : * Dieu commande d'abord à Moïſe d'aller trouver Pharaon, mais il répondit : Qui ſuis-je moi, pour aller vers Pharaon, & pour faire ſortir d'Egypte les enfans d'Iſraël ? Dieu lui répondit : Je ſerai avec vous ; & ce ſera là le ſigne qui vous fera connoître que c'eſt moi, qui vous ai

* v. 9. * v. 11.

envoyé. Lorfque vous aurez tiré
mon peuple d'Egypte, vous offrirez
à Dieu un Sacrifice fur cette montagne, Moïfe dit à Dieu : J'irai donc
vers les enfans d'Ifraël, & je leur
dirai : Le Dieu de vos Peres m'a
envoyé vers vous ; mais s'ils me
difent quel eft fon nom ? que leur
réponderai-je ?... * Dieu dit encore à Moïfe : Vous direz ceci aux
enfans d'Ifraël : * Allez, affemblez les Anciens d'Ifraël, & dites
leur... & ils écouteront votre voix,
& vous irez vous, & les Anciens
d'Ifraël, vers le Roi d'Egypte ; &
Moïfe répondit à Dieu : Ils ne me
croiront pas, & ils n'écouteront pas
ma voix, mais ils diront : Le Seigneur ne vous a point apparu : Que
fi ces chofes font admirables à ceux
qui les regardent fpirituellement,
elles ne font pas moins merveilleu-
fes pour les politiques mondains,
& confidérées felon la lettre ; Moïfe difpute avec Dieu, & Dieu s'ac-

* v. 15. v. 16. v. 18. * Exod. Ch. 4. v. 1.

commode par une condefcendance
admirable à fa maniere de parler,
il ne le contraint pas, mais il difpofe avec douceur fa volonté, & dans
tous les traits déja cités, ni dans
ceux qui fuivent, on ne fauroit remarquer aucune force qu'on appelle coactive, que Dieu eût pû donner des-lors à Moïfe, comme il fit
enfuite après la publication, & l'acceptation de la Loi, & qu'il lui
donna contre Pharaon en l'envoyant
en Egypte ; mais il exige premierement le libre confentement de
Moïfe, enfuite celui du peuple ; il
veut qu'il affemble les Anciens d'Ifraël, en qui réfidoit d'autant plus
excellemment la puiffance non coactive, maisperfuafive de la raifon ; il
veut qu'il expofe au peuple fon intention,&enfuite à Pharaon conjointement avec les Anciens du peuple.

La raifon naturelle fuggeroit à
Moïfe, qu'il pourroit arriver que le
peuple lui demanderoit qui l'avoit
envoyé, & douteroit de fa Miffion,
& voilà que Dieu lui donne le pou-

voir de faire des miracles pour lui faire trouver créance, & gagner le confentement du peuple à fes paroles : * S'ils ne vous croient pas dit le Seigneur, & s'ils n'écoutent pas la voix du premier miracle, ils écouteront celle du fecond ; que fi à ces deux miracles ils ne croient pas encore, & qu'ils n'écoutent point votre voix, * prenez de l'eau du fleuve &c. Mais tout cela ne fléchit point encore la volonté de Moïfe, mais il cherche à s'excufer en difant, je vous prie Seigneur, envoyez celui, que vous devez envoyer, & l'Ecriture ajoûte : Le Seigneur fe fâcha contre Moïfe & lui dit : Mais quel eft l'effet de cette colere ? Eft-ce qu'il le frappe, eft-ce qu'il contraint la volonté d'une créature libre ? Non certainement ; mais il perfuade Moïfe par un argument plus touchant, & lui dit : Je fai qu'Aaron votre frere de la race de Levi, s'exprime aifément : il va

* Exod. 4. v. 8 * v. 13. v. 14.

venir au-devant de vous ; & quand il vous verra son cœur sera plein de joie, parlez lui, & mettez mes paroles dans sa bouche : * Je serai dans votre bouche, & dans la sienne, & je vous montrerai ce que vous aurez à faire. Il parlera pour vous au peuple, & il sera votre bouche, & vous le conduirez dans tout ce qui regarde Dieu ; & ce fut-là le dernier argument, qui persuada sans contrainte Moïse d'exécuter les ordres de Dieu. C'est ainsi que Dieu agit par la puissance de la droite raison sur la volonté de l'homme, à qui il la fait connoître, & aimer, & donne des forces pour la suivre, & dit ainsi ce qu'il disoit à Moïse : * Allez, & retournez en Egypte, &c. Et la volonté ne résiste plus, parce que la raison éclairée de Dieu prend le dessus. Moïse raconta à Aaron tout ce que le *Seigneur* lui avoit dit en l'envoyant : & il fit des miracles devant le peu-

* *v.* 15.   * *v.* 19.

ple,& le peuple crut , & ils comprirent que le Seigneur avoit visité les enfans d'Israël , & qu'il avoit regardé leur affliction , & se prosternant en terre ils l'adorérent. Voilà le commencement des œuvres de Dieu pour la délivrance de son peuple; & avant que d'y faire agir Moïse par les prodiges, il demanda le consentement libre & volontaire du peuple.

Peut-être y a-t-il des Ecrivains, qui accommodent à leurs sentimens,* ce qui est rapporté du second commandement de Pharaon pour presser les ouvrages, & des plaintes du peuple, & qui disent, que Dieu n'a pas commandé de résister & de désobéir aux ordres de Pharaon , quelques illégitimes & tyraniques qu'ils puissent être , mais d'attendre la permission & le commandement de Pharaon pour sortir de la captivité ; mais ceux qui disent de telles choses ne considérent pas assez attentivement

* Chap. 5.

ce que l'Ecriture rapporte. * Le Seigneur dit à Moïse : Vous verrez
maintenant ce que je vais faire à
Pharaon , car je le contraindrai par
la force de mon bras à laisser aller
les Israëlites , & ma main puissante
l'obligera de les faire sortir lui-même de son Pays; Dieu a voulu ici
tout faire; * c'est pourquoi dites
de ma part aux enfans d'Israël (or-
donne-t-il à Moïse) Je suis le Seigneur : C'est moi qui vous tirerai
de la prison des Egyptiens , qui vous
délivrerai de la servitude, & qui vous
racheterai en déployant la force de
mon bras, & en faisant éclater la sé-
vérité de mes jugemens, je vous
prendrai pour mon peuple , & je
serai votre Dieu , & vous saurez
que c'est moi qui suis le Seigneur
votre Dieu ; lorsque je vous aurai
délivrez de la prison des Egyptiens.
Voilà la véritable raison pourquoi
le peuple ne dût pas , quoiqu'il eût
pû résister aux Egyptiens qui les

* Exod. 6. v. 1. * v. 6.

accabloient ; & Dieu dit à Moïse : *
Je vous ai établi le Dieu de Pharaon , & Aaron votre frere sera votre Prophéte, vous direz à Aaron,
tout ce que je vous ordonne de dire , & Aaron parlera à Pharaon
afin qu'il permette aux enfans d'Ifraël de sortir de son Pays ; mais
j'endurcirai son cœur , & je signale-
rai ma puissance dans l'Egypte par
un nombre de prodiges & de mer-
veilles ; & Pharaon ne vous écoute-
ra point ; j'étendrai ma main sur
l'Egypte , & après y avoir fait éclater la vérité de mes jugemens , j'en
ferai sortir mon armée & mon peuple , qui sont les enfans d'Israël.
Ne craignons pas de nous faire nous-
mêmes des objections scrupuleuses
pour mieux démêler la vérité : recherchons les Princes dont parle
l'Ecriture ; nous n'en trouverons
point d'autres que ceux que la droite raison a établis ; * puisque l'Ecriture les appelle Princes des maisons

* *Chap. 7. v. 1.*   * *Chap. 6. v. 14.*

selon l'ordre des familles ; c'est la nature & la raison même, qui enseignent aux enfans d'obéir à leurs parens, & aux jeunes gens d'écouter les Anciens ; je dis la nature non-seulement de l'homme, mais de l'animal ; & parmi tous les peuples, on a toujours eu de la considération pour les vieillards en qui la raison suppose l'expérience, & une prudence plus mûre, comme nous verrons ci-après en son lieu ; mais concluons maintenant de tout ce que nous avons dit qui a du rapport à notre sujet, & ne nous ennuyons pas de répéter, que Dieu lui-même a commencé la délivrance de son peuple, par voie de persuasion à l'égard de Moïse, & non de contrainte, pour l'engager à entreprendre l'ouvrage de cette délivrance, qu'il a voulu qu'il convoquât les Anciens du peuple, & que par les prodiges qu'il fit en présence du peuple, il gagna leur libre consentement ; après quoi il alla trouver Pharaon, & exécuta les ordres de Dieu ;

Ces choses ainsi faites, quoique Pharaon ait encore surchargé le peuple de travaux, ç'a été une œuvre de la raison , & non du devoir que le peuple n'ait pas résisté aux Intendans des ouvrages, mais qu'il ait attendu de la main de Dieu dont la puissance avoit éclaté à ses yeux, sa délivrance & le tems de sa sortie, écoute Moïse , que nous ne trouverons pas s'être ingéré dans les affaires , où le gouvernement particulier des familles dont la conduite appartenoit aux Anciens , par la disposition de la nature & de la droite raison. Tout ce que Dieu ordonna par Moïse dans le Chapitre déja cité, & à l'occasion de la délivrance de son peuple regarde son Culte, la Religion & la Pâque, dont notre dessein n'est pas de traiter ici , si ce n'est que la raison même dicte le Culte de la Religion & le souvenir des bienfaits ; * l'Ecriture fait mention du premier murmure des Israéli-

* *Exod.* 14. *v.* 11. 12.

tes contre Dieu à l'occasion de la poursuite de Pharaon ; peut-être disoient-ils qu'il n'y avoit point de sépulchre en Egypte , & c'est pour cela que vous nous avez mené ici , afin que nous mourions dans la solitude. Quel dessein aviez vous quand vous nous avez fait sortir d'Egypte ? N'étoit-ce pas ce que nous vous disions étant encore en Egypte ? Retirez-vous de nous afin que nous servions les Egyptiens , car il valoit beaucoup mieux que nous fussions leurs esclaves , que de venir mourir dans le désert. * Le second murmure fut aux eaux ameres, le troisiéme au désert de *Sin* , & le quatriéme à Raphedim , dont aucun ne fut puni ; mais le Dieu de longanimité & de patience , exauçoit les desirs de ce peuple ; la raison de cette conduite admirable de Dieu paroîtra ci-après par les séveres châtimens mêmes , dont Dieu punit ce peuple refractaire & indocile ;

* *Ch. 15. v. 25. Ch. 16. v. 2. Ch. 17. v. 2.*

ou

on pourroit dire que Moïfe après
avoir retiré le peuple de fervitude
avoit reçu de Dieu le pouvoir de
juger parmi le peuple ; mais qu'eft-
ce qui démontre plus évidemment
que ce pouvoir & autorité qu'eut
Moïfe de juger le peuple , émanoit
de fon libre confentement que ce
qui eft rapporté au Chap. 18. de
l'Exode , ℣. 13. Le lendemain
Moïfe s'affit pour rendre juftice au
peuple , qui fe préfentoit à lui depuis le matin jufqu'au foir, & fon
beau pere (Jethro) ayant vû tout
ce qu'il faifoit pour le peuple , lui
dit : D'où vient que vous agiffez
ainfi à l'égard du peuple ? Pourquoi
êtes-vous feul affis pour le juger ,
& que tout le peuple attend ainfi
depuis le matin jufqu'au foir ? Moïfe lui répondit : Le peuple vient à
moi pour confulter Dieu , & lorfqu'il leur arrive quelque différent
ils viennent à moi afin que j'en fois
le juge & que je leur faffe connoître les Ordonnances & les Loix de
Dieu , puifque celles qui avoient

été alors publiées sur la Pâque, le
Sabat & la maniere de cueillir la
manne ne regardoit point les affaires temporelles, & les différens
d'entre le peuple, mais la Religion.

Certainement on ne trouvera
pas d'autres Loix selon lesquelles
Moïse ait alors pu juger que celles
de la nature & de la droite raison;
& c'étoit pour les apprendre de la
bouche de Moïse, que la droite
raison même conduisoit le peuple à
lui non par devoir, mais par un
choix volontaire, par affection, &
confiance; nous reconnoîtrons la
vérité de cette proposition par l'E-
criture même : * Vous ne faites
pas bien répondit Jethro, il y a de
l'imprudence à vous consumer ici
par un travail inutile, vous & le
peuple qui est avec vous; & de-
mandons lui pourquoi, cette entreprise est au-dessus de vos forces,
& vous ne pouvez la soutenir seul,
mais écoutez ce que j'ai à vous di-

* *Chap.* 17.

te, & le conseil que j'ai à vous donner, & Dieu sera avec vous: Donnez-vous, au peuple pour toutes les choses qui regardent Dieu, pour lui rapporter les demandes & les besoins du peuple, & pour apprendre au peuple les cérémonies, la maniere d'honorer Dieu, la voie par laquelle ils doivent marcher, & ce qu'ils doivent faire; mais choisissez-vous d'entre le peuple des hommes fermes & courageux, qui craignent Dieu, & qui aiment la vérité, & qui soient ennemis de l'avarice; & donnez la conduite aux uns de mille hommes, aux autres de cent, aux autres de cinquante, & aux autres de dix: Qu'ils soient occupés à rendre la justice au peuple en tout tems; mais qu'ils réservent pour vous les plus grandes affaires, & qu'ils jugent seulement les plus petites. Ainsi ce fardeau qui vous accable deviendra plus leger étant partagé avec d'autres; si vous faites ce que je vous dis, vous accomplirez le Comman-

dement de Dieu, vous pourrez suf-
fire à exécuter ses ordres, & tout ce
peuple retournera en paix à sa maison. Moïse ayant entendu son beau-
pere parler de la sorte fit tout ce
qu'il lui avoit conseillé.

Quel étoit Jethro, en comparaison
de Moïse, pour s'ingérer de lui pro-
mettre que Dieu seroit avec lui s'il
faisoit ce qu'il lui disoit? Et si le peuple eût dû être instruit des préceptes
& des Loix particulieres de Dieu, ou
si par un Commandement exprès
Dieu eût confié à Moïse l'autorité de
juger son peuple; comment eût-il pû
en substituer à sa place d'autres qui
ignoroient la Loi de Dieu?

Reconnoissons donc de tout ceci
que Jethro a donné ce conseil à Moïse de la part de Dieu, par le ministere de la droite raison, & que
Moïse convaincu de cette même vérité l'a suivi, & que comme tel
Dieu l'a non-seulement approuvé,
mais qu'il a établi d'une maniere
bien plus excellente, cette forme
de gouvernement comme il paroîtra

en son lieu, puisqu'on n'a rapporté
tout ceci que pour faire voir que
Moïse ne s'est arrogé aucun pouvoir
& autorité que du libre consentement du peuple, & que Dieu ne
lui a rien ordonné avant qu'il eût
lui-même convenu avec le peuple
des articles de son Alliance : Voyons
comment tout cela s'est fait, & ad-
mirons dans les sentimens d'un
amour respectueux l'adorable conduite de Dieu.

CHAPITRE VII.

De l'Alliance de Dieu avec son peuple.

L'ECRITURE * nous étale un
spectacle bien terrible & for-
midable dans la description qu'elle
fait de ce qui s'est passé au mont Sinaï, lorsque le peuple, le troisiéme mois de sa sortie d'Egypte fut

* *Chap.* 19.

arrivé au bas de cette montagne ; que ſi l'impie peut dire dans ſon cœur qu'il n'y a point de Dieu, il pourra proférer une moindre impiété non plus en niant l'exiſtence de Dieu, mais en examinant ſes œuvres ſelon ſes préjugés & ſa fantaiſie, il pourroit dis-je objecter : Voilà que Dieu paroît lui-même dans un appareil ſi terrible à ſon peuple ſur le mont Sinaï, que ce peuple effrayé n'oſe lui parler, comment auroit-il oſé ne pas accepter la Loi qui lui étoit impoſée ? Dieu ne daigne pas même admettre le peuple en ſa préſence, & il fait tout par Moïſe ſon Vicaire, & qu'il faut ainſi que les Princes comme Vicaires de Dieu en agiſſent de même ; mais examinons par l'ordre des œuvres de Dieu, & par l'Hiſtoire de l'Ecriture, ſi un tel langage ſeroit conforme au bon ſens *.

Les enfans d'Iſraël étant partis de Raphadim, & arrivés au déſert de

* v. 2.

Sinaï; ils campérent au même lieu, &
Israel y dressa ses tentes vis-à-vis de
la montagne ; Moïse monta ensuite pour parler à Dieu, car le Seigneur l'appella du haut de la montagne & lui dit : Voici ce que vous
direz à la maison de Jacob, & ce
que vous annoncerez aux enfans
d'Israël ; vous avez vû vous-même
ce que j'ai fait aux Egyptiens , &
de quelle maniere je vous ai portez comme l'aigle porte ses aiglons,
& je vous ai pris pour être a moi ;
si donc vous écoutez ma voix , & si
vous gardez mon alliance , vous le-
rez le seul de tous les peuples que
je posséderai comme mon bien propre. Car toute la terre est à moi ;
vous serez mon Royaume , & un
Royaume consacré par la Prêtrise ;
vous serez la Nation sainte : c'est-
là ce que vous direz aux enfans d'I-
sraël. Moïse étant donc venu devant le peuple fit assembler les
Anciens & leur exposa tout ce que
le Seignenr lui avoit commandé de
leur dire ; le peuple répondit tout

d'une voix : Nous ferons tout ce
que le Seigneur a dit : Moïse rapporta au Seigneur les paroles du
peuple , & le Seigneur lui dit : Je
vais venir à vous dans une nuée som-
bre & obscure, afin que le peuple
m'entende lorsque je vous parlerai, & qu'il vous croie dans toute
la suite. Telle fut la conduite de
Dieu avec le peuple ; & en le faisant souvenir de ses bienfaits &
lui en promettant de plus grands ;
il lui proposa son allliance par la
médiation de Moïse, non comme
Prince, mais comme serviteur fidéle de Dieu & de son peuple ; mais
cette premiere résolution du peuple ne suffit pas encore à la volonté de Dieu ; après donc qu'il eut
paru si doux , si benin , si patient
& si bienfaisant avant qu'il eût expliqué ses Commandemens en détail, il voulut aussi paroître terrible,
non pour imposer une Loi tirani-
que , mais comme répondit Moïse
(au peuple effrayé qui lui disoit :
Parlez-nous vous , & nous vous

écouterons , que le Seigneur ne
nous parle pas de peur que nous
ne mourions) * Ne craignez point,
car Dieu est venu pour vous éprou-
ver & pour imprimer en vous la
crainte afin que vous ne péchiez
point, ç'a donc été un ouvrage de
la bonté de Dieu d'avoir fait éclater visiblement sa Majesté , & d'une
maniere si terrible , afin que le peuple en aimât davantage la miséricorde qu'il lui avoit marquée ; crai-
gnit sa justice, & eut horreur du
péché, & ainsi avant que de contracter l'alliance , il lui fit lire spéci-
fiquement toutes ses Ordonnances.
Moïse vint donc rapporter au peuple toutes les paroles & toutes les
Ordonnances du Seigneur : * Et le
peuple répondit tout d'une voix :
Nous ferons tout ce que le Seigneur a dit. Moïse écrivit toutes
les Ordonnances du Seigneur , & se
levant dès le point du jour &c....
il prit ensuite le Livre, où l'allian-

† e Chap. 24. v. 3.

C 3

ce étoit écrite, & il le lut devant
le peuple, qui dit après l'avoir entendu : Nous ferons tout ce que le
Seigneur a dit, & nous lui ferons
obéiſſans. Alors prenant le ſang qui
étoit dans les coupes, il le répandit ſur le peuple, & il dit : Voici le
ſang de l'alliance que le Seigneur a
faite avec vous afin que vous ac-
compliſſiez toutes ces choſes ; c'eſt
ainſi que fut célébrée la ſolemnité
d'une alliance qui n'auroit pû être
faite ni plus librement ni plus ſolem-
nellement entre deux Rois égaux ;
& c'eſt de-là que nous verrons dans
les Chapitres ſuivans toute l'étendue de la puiſſance que donne aux
Princes l'autorité légitime conférée
& reconnue par le libre & unami-
me conſentement du peuple ; & c'eſt
de Dieu - même que nous devons
apprendre ce que ſes Vicaires & ſes
images peuvent & doivent faire ;
mais agir autrement, & vouloir
s'arroger davantage ſeroit l'ouvrage de la cupidité.

CHAPIRRE VIII.

De la punition & des peines infligées au peuple à cause de la prevarication de la Loi.

LE premier péché que commit le peuple contre l'alliance contractée avec Dieu fut un péché d'infidélité, de rebellion & de leze-Majesté ; en cherchant à se faire des Dieux étrangers pour le conduire. * Allez, dit Dieu à Moïse : descendez, car votre peuple que vous avez tiré de l'Egypte a péché, ils se sont retirés bientôt de la voie que vous leur aviez montrée ; la fureur de l'indignation de Dieu contre eux est allumée, & veut les exterminer ; nous avons remarqué après la sortie d'Egypte les fréquentes occasions où le peuple murmura: * nous avons pû admirer la pa-

* *Chap.* 32. * *v.* 20.

C vj

tience de Dieu, parce que le peuple n'avoit pas encore accepté sa Loi, & n'avoit point fait d'alliance, mais après cette alliance contractée d'une maniere si solemnelle; au prémier péché, il veut exterminer son peuple : Je vois, dit-il, que ce peuple a la tête dure : Laissez-moi faire afin que la fureur de mon indignation s'allume contre eux, & que je les extermine; & je vous rendrai le Chef d'un grand peuple. Moïse remplit véritablement les devoirs de Médiateur & de Ministre de la justice de Dieu, en disant : Seigneur pourquoi votre colere s'allume-t'elle contre votre peuple?... * Souvenez-vous, d'Abraham, d'Isaac & d'Israël vos serviteurs, & laissez-vous fléchir pour pardonner à l'iniquité de votre peuple ; après quoi il ordonna aux Lévites de frapper le peuple du glaive de justice, & se tenant à la porte du camp, il leur dit que

* v. 11. 12. 13.

chaque homme mette son épée à
son côté : * Passez & repassez au tra-
vers du camp d'une porte à l'autre,
& que chacun tue son frere, son
ami, & celui qui lui est le plus proche.

Outre les réfléxions spirituelles
qui pourroient se présenter sur ce
massacre fait par les Lévites, il ne
faut pas obmettre une réfléxion qui
résulte naturellement de la considération de cette Histoire ; pourquoi
Dieu s'est-il servi de moyens sur-
naturels pour punir le peuple dans
les autres crimes, & que dans celui-ci qui est le premier ; il a em-
ployé le Ministere même des enfans d'Israël ? C'est ici une grande
leçon pour les Princes, & pour les
peuples, & il faut premierement
observer, comme nous l'avons déja dit plusieurs fois, que Dieu exerce ici le premier châtiment sur le
peuple, comme un Prince reconnu
par le consentement d'une libre vo-

* u. 26.

lonté ; ne craignons donc pas ici
d'examiner la conduite de Dieu puifque fa bonté a voulu pour notre
inftruction nous tranfmettre dans
les Livres facrés , la maniere dont
il a procédé dans cette œuvre ; comment il a parlé à Moïfe ; les ex-
preffions dont il s'eft fervi ; le péché de tout le peuple eft manifefte ,
& l'Ecriture le rapporte avec tant
de circonftances , afin que nous
voyons mieux la juftice de la punition.

Le peuple affemblé , fe leva &
dit à Aaron : * Venez , faites-nous
des Dieux qui marchent devant
nous ; mais afin que leur confentement univerfel au mal paroiffe davantage ; il eft rapporté que toute
la multitude affembla , & apporta
les pendans d'oreilles & anneaux
d'or pour en faire des Dieux , qu'elle voulut avoir pour conducteurs ;
& pour montrer plus clairement ,
que le veau d'or avoit été élevé

* Chap. 32. v. 1. 2. 3.

par un consentement unanime ; on
fit crier par un Héraut : * Demain
sera la Fête solemnelle du Seigneur,
pour la célébration de laquelle toute la multitude des enfans d'Israël
s'assembla ; & Moïse descendant de
la montagne trouva le peuple criant,
chantant , dans les danses, & dans
la joie, & ce fut après cette énorme rebellion que Dieu avoit dit à
Moïse : * Allez, descendez, votre
peuple que vous avez tiré de l'E-
gypte a péché.

Il faut remarquer ici que depuis que Dieu eut envoyé Moïse
au peuple, il ne se servit jamais
en parlant à Moïse de cette expression : *Votre peuple*, si ce n'est après
que par un consentement unanime,
& par l'acceptation de l'alliance ;
ce peuple fut devenu le peuple de
Dieu , car jusques là Moïse faisoit
le Médiateur entre Dieu & le peuple, mais ensuite il devint fidéle
serviteur dans la maison du Sei-

* *v.* 5. * *v.* 19.

gneur, & exerçoit comme son Vicaire cette puissance que Dieu exprime par ce mot *votre* personne,
ne peut douter que Dieu par le droit
de Créateur, n'ait pû agir contre
des créatures, qui se forgeoient des
Dieux étrangers ; mais ce n'est pas
sans raison que l'Ecriture rapporte
au verset déja cité : *Ils se sont retirés bientôt de la voie que vous
leur aviez montrée ; & qu'est-ce que
ces paroles nous marquent ? sinon
l'alliance contractée par la médiation de Moïse ? dont l'infraction faisoit voir à Dieu que ce peuple avoit
la tête dure. Toutes ces expressions
proportionnées à la foiblesse de
l'entendement humain, nous mon-
trent clairement comme on a déja
dit, que Dieu a voulu agir ici comme Prince ; c'est pourquoi nous ne
devons pas être étonnés qu'il dise
à Moïse, par l'intervention duquel il avoit fait l'alliance : Laissez-
moi faire, afin que la fureur de mon

* V. 8.

indignation s'allume contre eux , &
que je les extermine : Laiſſez-moi
faire , c'eſt à-dire , ne m'alléguez
pas que j'ai oublié mon alliance,
c'eſt le peuple qui l'a violée , & c'eſt
pour cela que je puis avec juſtice
le châtier ainſi : * Vous cependant
qui êtes innocent, je vous rendrai le
Chef d'un grand peuple ; ce qui fon-
de le droit par lequel Moïſe auparavant Médiateur , obtient de
Dieu comme Prince , le pardon du
peuple , il ne peut plus alléguer le
traité qu'il y avoit entre Dieu & le
peuple , puiſque celui-ci en étoit
le prévaricateur ; mais il dit : * Souvenez-vous d'Abraham & d'Iſaac
vos ſerviteurs, auſquels vous avez
juré par vous-même &c. Alors le
Seigneur s'appaiſa pour ne point
faire à ſon peuple le mal dont il
venoit de parler ; * d'où il réſulte
clairement qu'un péché quoique de
rebellion d'un peuple , ne dégage
pas un Prince de toute l'étendue de

* v. 10. * v. 13. * v. 14.

son serment ; celui de Dieu & sa promesse, faite à Abaham Isaac & Jacob, auroient eu son effet si au lieu du peuple Dieu eût pris Moïse pour le faire Chef d'un grand peuple, puisque celui-ci auroit été également de la race d'Abraham ; mais en conséquence des œuvres de Dieu ; il paroît que son serment n'étoit pas restraint à une seule lignée des enfans d'Israël, mais à tous ses douze fils ; & c'est ainsi que Dieu apprend aux Princes à observer leurs sermens dans le même sens dans lequel ils les font, & non de les restraindre à celui auquel on peut les interpréter.

Il convient à ceux qui veulent suivre la droite raison, d'agir dans cette simplicité, parce que toute interprétation qui ne s'accorde pas avec la premiere intention est fausse, & ne vient que de la cupidité.

Moïse descendit donc de la montagne, & de sa conduite nous devons apprendre comment les puissances représentantes, doivent se comporter dans des cas femblables. * Par les citations précédentes de l'Ecriture; il a paru que Moïfe devant monter fur la montagne à la voix de Dieu, dit aux Anciens: Attendez-nous jufqu'à ce que nous revenions à vous, vous avez avec vous Aaron & Hur, s'il furvient quelque difficulté vous vous en rapporterez à eux; c'eft pour cela qu'en premier lieu, il demanda d'abord à Aaron: Que vous a fait ce peuple, pour vous porter à attirer fur lui un fi grand péché? Et comme il ne pouvoit s'excufer ni lui ni le peuple; Moïfe fe tint à la porte du camp, & dit: Si quelqu'un eft au Seigneur, qu'il fe joigne à moi.

Ne cherchons pas pourquoi Dieu n'a pas puni ce premier péché par des châtimens furnaturels; c'étoit pour manifefter fon choix dans la perfonne de Moïfe.

Les enfans de Lévi s'étant donc tous affemblés autour de lui, il

* Chap. 4. v. 14. v. 26.

leur dit : * Voici ce que dit le Seigneur Dieu d'Ifraël, que chaque homme mette fon épée à fon côté &c. Comme on a déja rapporté ; les enfans de Lévi firent ce que Moïfe leur avoit ordonné ; * & il y eut environ vingt-trois mille hommes de tués ce jour-là.

C'eft ainfi que la puiffance de la raifon agit dans toutes les occafions, où les loix & la juftice agiffent ; car d'abord que la libre volonté reconnoît la loi de la raifon , cette même raifon lui dicte de s'y foumettre , & celui qui ne s'y foumet pas péche , & mérite d'être puni : Dieu donc qui dans la perfonne de fon peuple, a voulu manifefter aux Rois les régles d'un jufte gouvernement, a voulu ainfi punir felon la juftice, & la forme ordinaire du gouvernement , ce premier crime d'infidélité & de rébellion ; & a puni par des châtimens furnaturels les autres prévarications de ce peu-

*v. 26. v. 27. * v. 28.

ple, pour montrer dans l'un l'autorité d'un Prince, & dans les autres la grandeur de la puissance de Dieu ; nous apprenons donc par-là qu'un Prince légitime, c'est-à-dire, reconnu par la libre volonté du peuple, peut justement punir un crime d'infidélité ; mais qu'est-ce que ce crime ? Cela est claire aussi, c'est-à-dire, lorsque quelqu'un sans sujet légitime par quelque acte contraire au traité ou aux loix, se soustrait au gouvernement d'une puissance à laquelle il s'est librement soumis ; & de-là il paroît tout de nouveau qu'un peuple qui viole les loix péche contre la puissance à laquelle il s'est soumis.

CHAPITRE IX.

De la Loi morale & de la Loi de culte.

DIEU n'avoit pas encore fait publier la Loi au peuple, lorsque celui-ci commit le péché de rébellion, dont nous avous parlé au Chapitre précédent; mais après que par le châtiment, le deuil & la pénitence, il eut expié son crime, & renouvellé l'alliance ; Dieu ayant de nouveau appellé Moïse sur la montagne, écrivit la Loi sur les Tables, & fit écrire à Moïse tout ce qui n'étoit pas contenu dans les tables de la Loi. Tout le monde sait que cette Loi étoit double, c'est-à-dire, une pour régler les mœurs, & les actions extérieures , & l'autre pour contenir la droite raison dans ses bornes dans les choses qui regardent Dieu. Par les Loix mora-

les, le peuple devoit rendre aux
freres, amis & prochain, ce que la
droite raifon preſcrit par rapport à
la Société humaine ; par les Loix
de culte, il devoit rendre à Dieu
ce qui lui appartient ; & c'eſt ici le
moyen qui lui a été marqué, pour
contenir dans ſes bornes la droite
raiſon, qui eſt comme nous avons
ſouvent dit, une puiſſance donnée
à l'homme ; mais qui eſt devenue
après le péché fort ſujette à s'égarer ; c'eſt pourquoi quiconque, ſe-
coue le joug de la foi par rapport
aux préceptes de Dieu, s'éloigne
de la droite raiſon, qui vient de
Dieu ſource de toutes vérités, &
qu'ainſi tout ce qu'il commande eſt
équitable ; c'eſt pour cela que l'obſcurité des figures & de la loi de culte demandoit cette ſoumiſſion ;
& l'obſcurité des vérités qui nous
ſont révelées, & les myſteres de la
foi en ont fait une loi ; & cette
ſeule raiſon doit nous convaincre,
que la loi de culte n'a pas dû ſubſiſter après la révélation des vérités

à la connoiſſance deſquelles cette loi a dû conduire.

Elle ne pouvoit nous donner par ſa propre vertu la connoiſſance des vérités, parce qu'elle avoit été ſeulement donnée de Dieu, pour conduire le peuple à Jeſus-Chriſt Souverain Légiſlateur, qui devoit enſeigner cette Loi divine, dont le propre eſt de gouverner, & contenir la droite raiſon humaine, pour que l'homme ſache ſe conformer à la juſtice de Dieu, & qu'il puiſſe agir ſelon ce divin modéle de la juſtice de Dieu par le ſecours de la grace, qui éclaire la raiſon naturelle de l'homme ; il y avoit d'autres choſes dans la loi de culte, qui par l'appareil d'une majeſté extérieure ſoutenoient la foi, relevoient l'eſpérance ; d'autres qui ſans aucun ſecours de ſes apparences extérieures demandoient encore pour ainſi dire, un plus ſimple aſſujettiſſement de la raiſon ; comme les ordonnances de la loi ſur l'impureté légale & les animaux immondes.

Tout

Tout cela ainsi considéré il paroît clairement, que cette double loi, concernant le Culte de Dieu, & la Société humaine, a dû avoir une double puissance à l'occasion de la loi publiée ; Dieu dit à Moïse : * Faites aussi approcher de vous Aaron votre frere avec ses enfans, en les séparant du milieu d'Israël, afin qu'ils exercent devant moi les fonctions du Sacerdoce ; & certainement ce peu de paroles expliquent clairement toute la distinction, & tout le rapport mutuel de ces deux puissances. Les puissances séculieres attachent à elles les puissances Ecclésiastiques qui doivent remplir devant Dieu leur ministere, & celles-ci par leur caractere de Médiatrices, servent à tous temporellement, selon le Commandement de Jesus-Christ, mais aussi commandent à tous, & gouvernent spirituellement, parce qu'elles exercent devant Dieu les fonctions du Sacerdoce, avec toute l'au-

* *Exod.* 28. *v.* 1.

D

torité & les prérogatives ſpirituelles, qui en ſont inſéparables ; elles ſont dis-je, diſpenſatrices des graces de Dieu , juges des ames , & exécutrices des loix de Dieu , & en cette qualité ont force coactive par rapport au gouvernement des ames, en tant qu'elles ſont dépoſitaires du pouvoir de lier & de délier, qu'elles doivent cependant exercer ſuivant la loi de Dieu , pour que les jugemens qu'elles rendent ſur la terre ſoient ratifiés dans le Ciel , parce que ces mêmes loix de Dieu, émanent de la droite raiſon , où pour me ſervir d'un terme plus uſité , de la juſtice de Dieu , & non de la droite raiſon de l'homme , parce que celle-ci ne peut comprendre ce que Dieu lui propoſe ſimplement comme article de foi , quoiqu'il ſoit très-conforme à la droite raiſon. De tout ce que nous avons rapporté au ſujet de la loi : Nous conclurons qu'il y a une loi donnée de Dieu aux hommes, qui demande de la foi comme un hommage dû par

la raison humaine à Dieu, comme
Créateur ; & nous avons appellé
cette loi divine , comme concernant le Culte de Dieu, & son ad-
ministration , puissance , & force,
même coactive par rapport au gouvernement des ames, a été donnée
aux puissances Ecclésiastiques à la
vérité indivisiblement liées , mais
non pas toujours réunies aux puissances séculieres , comme il a paru par
le texte déja cité , qu'il y a une autre loi morale , que nous appellerons aussi humaine , en tant qu'elle
regarde la Société humaine : mais
la bonté divine a proportionné celle-ci à la portée de la droite raison
humaine , parce qu'elle n'est qu'une
explication, & une extension de la
loi de nature; nous observerons outre cela que Dieu n'a fait publier
ces deux loix par Moïse , qu'après
que le peuple puni de sa rébellion
fut revenu à l'obéissance , & eût
reconnu sa faute; par-là nous ap-
prendrons de l'exemple de Dieu suprême Esprit , la conduite de ceux

que Dieu a préposés pour gouverner les hommes.

Il paroît outre cela par toute l'histoire du peuple d'Ifraël, que ces deux puiffances, c'eſt à-dire, la ſpirituelle & la temporelle, ont toujours été en lui, & même quelquefois unies dans les derniers tems des Machabées; enfin pour la véritable intelligence, & comme la clef de tout ce traité, nous nous fouviendrons toujours que de ces deux puiffances, une eſt fondée fur la puiffance de la droite raifon, ou de la juſtice de Dieu, & eſt compofée des vérités, qui nous ont été découvertes, ou de Dieu dans l'ancienne loi, ou par Jeſus - Chriſt dans la nouvelle, & que cette puiffance demande la foi & obéiffance; & que l'autre dérive de cette même juſtice de Dieu, par la droite raifon, imprimée dans l'homme comme l'image de Dieu, & c'eſt-là la puiffance des loix civiles, qui dictent & ordonnent par la nature même l'obéiffance à la droite raifon,

Nous appellerons donc puissances ces autorités des loix divines
& humaines, & en ce sens, nous
considérerons toutes les puissances à
qui le libre consentement des peuples défére légitimement, c'est-à-dire, selon les impressions de la droite raison ; l'autorité & force coactive pour exercer le pouvoir des
loix, & en ce sens elles sont toutes
images représentatives de la loi divine, ou pour parler encore plus
énergiquement avec l'Ecriture :
Les Souverains sont des Dieux sur
la terre.

CHAPITRE X.

De l'autorité de la Loi divine, & humaine.

NOus avons commencé dans le Chapitre précédent à traiter de la loi de culte & de la loi morale ; nous croyons avoir assez clairement expliqué à la fin de ce Chapitre, que sous la dénomination des loix divines, nous entendons toutes les vérités révélées, ou de Dieu dans l'ancien Testament à Israël encore charnel & grossier, ou dans le nouveau par Jesus-Christ à Israël spirituel, ou au peuple Chrétien ; ce qui concerne le culte de Dieu figuratif, ou l'adoration en esprit & en vérité ; & ce sont là des points, qui regardent la Religion : Nous avons dit pareillement que sous le nom de loix humaines, nous entendons celles que Dieu lui-même a révélées dans la loi morale de Moïse ; mais parce qu'elles concernent la conduite de la vie & de la Société humaine ; nous les avons appellées humaines comme regardant les hommes, & c'est pour cela qu'après que Jesus Christ eut manifesté la vérité, & accompli la loi figurative, elle prit fin ; mais la loi morale a toujours été regardée comme la régle des loix civiles du peuple Chrétien. Maintenant donc que nous allons traiter de l'autorité des loix divines & humaines ainsi nommées, il nous faut encore répéter ce que nous avons dit précédemment, que les loix divines entant qu'elles regardent la Religion, procédent de la droite raison même, c'est-à-dire de la justice, sagesse & vérité de Dieu, car ces attribus ne sont point distingués en Dieu, quoiqu'ils le soient suivant notre maniere de concevoir, & ces loix de Religion ont été données aux hommes pour réduire la droite raison humaine, que nous avons déja remarqué être restée à l'homme dans l'état de la nature corrompue, sous le joug de l'obéissance dûe au Créateur.

Cet ouvrage demande une foi surnaturelle, parce que dès le moment que le premier homme s'éloignant de Dieu par le péché, pour suivre sa propre volonté, se donna en quelque maniere un pouvoir sur lui même, il devint esclave du péché, de sa propre volonté, & c'est pour cela qu'il n'a plus de puissance sur lui-même pour espérer le bien salutaire, & éviter le mal opposé à ce bien, si ce n'est par le secours de la grace de Dieu; c'est-là l'ouvrage qui demande de la foi, parce que par la foi, il doit captiver sa droite raison naturelle, croire ce qu'elle ne comprend pas, & faire ce que Dieu ordonne; & c'est-là vivre de la foi.

Nous avons dit aussi antécédemment que les loix humaines pour régler les mœurs des hommes par rapport à la Société civile, avoient été seulement données de Dieu, à l'a droite raison, afin qu'elle comprenne d'autant mieux l'extenſion de la loi de nature ; elle peut voir l'équité de ces loix, & elle peut les faire ſervir à ſon uſage pour le bien public de la Société conformement à l'équité ; & de-là vient la différence des loix municipales des peuples, qu'on ne ſauroit cependant appeller injuſtes.

Cela étant ainſi conſidéré, nous avons établi dans quelques-unes de nos Méditations ſpirituelles, qu'il y avoit des loix de l'éternelle juſtice de Dieu, & d'autres de l'ordre de la juſtice de Dieu, en tant que cet ordre regarde la vie des hommes, que ces dernieres ont été ſouvent changées & peuvent changer, en reſtreignant ou mitigeant les loix ſelon l'état & la convenance des tems, & des mœurs de la nature corrompue ſujette aux variations : & de-là nous obſerverons que ſans donner atteinte aux dogmes de la foi, la diſcipline même de l'Egliſe a ſouvent changé dans les rits & cérémonies qui concernent le culte de Dieu ; car cette autorité a été donnée à l'Eglise par son Auteur.

De pareils changemens ont été faits aussi, & se font encore tous les jours dans les loix civiles, par l'instigation de la droite raison, & cependant par-là on ne change rien à l'équité & à la justice, toujours invariables en elles-mêmes, mais seulement à l'ordre & usage.

Ayant donc répété plus au long & exposé ces points comme principes, concluons que l'autorité des loix divines procéde immédiatement de Dieu, & l'autorité des loix humaines en emane par le canal de la droite raison, car l'autorité ne peut trouver d'autre source, si ce n'est selon l'étymologie même du nom, dans l'Auteur de toutes choses, qui n'est autre que Dieu même, & en ce sens on distinguera l'autorité de la puissance dérivée du Verbe pouvoir, dont Dieu est Auteur de tout ce que la raison peut faire en tant

qu'elle eſt droite ; & en ce ſens paroît l'origine des vertus de la juſtice & des bonnes œuvres morales,
qui ſont bonnes en tant qu'elles
ſont faites par la puiſſance de la
droite raiſon ; mais ne ſont pas bonnes en tant qu'elles ne regardent
pas Dieu directement, & devien-
nent tout-à-fait mauvaiſes ſi elles
s'éloignent entierement de Dieu
par l'amour propre, pour ſe porter
vers les créatures & pour ſe renfer-
mer en elles-mêmes. L'Auteur donc
de toutes choſes a donné à la droite raiſon humaine comme image de
Dieu, le pouvoir de faire des loix
pour le bien de la Société, auſ-
quelles eſt communiquée l'autorité
de la juſtice originale de Dieu ; &
ainſi la voix du peuple devient la
voix de Dieu. Les loix ont établi
la Société des hommes ; & nous
avons vû par les précédens articles,
qu'avant toutes choſes Dieu même
a fait propoſer ſes loix à ſon peuple ; & comme les loix ont été néceſſaires pour l'établiſſement de la

D vj

Socété des hommes , il s'enfuit
qu'il n'appartient qu'à cette même
Socété de faire des loix , & cette vérité eſt ainſi exprimée par l'excellent Auteur de la politique, tirée de
l'Ecriture-Sainte. * Je dis Monſieur
Boſſuet Evêque de Condom, qui a
ſi juſtement mérité le titre de Lumiere de l'Egliſe.

Pour entendre parfaitement , dit-
il, la nature de la loi, il faut remarquer que tous ceux qui en ont
bien parlé , l'ont regardée dans ſon
origine comme un traité ſolemnel
par lequel les hommes conviennent
enſemble de ce qui eſt néceſſaire
pour former la Société ſous l'autorité des Souverains ; ceci fait à notre ſujet : car ce qu'il ajoute &
l'exemple qu'il rapporte de l'Ecriture ne ſont pas conformes ; mais il
étoit de ſa prudence dè ne les pas
omettre ; car il ajoute immédiatement après ce que nous avons rapporté ; on ne veut pas dire par-là

* Leɛ̃. 1. Art. 4. Prop. 6.

que l'autorité des loix dépende du confentement des peuples, mais feulement que le Prince, qui d'ailleurs par fon caractere n'a d'autre intérêt que celui du public, eft affifté des plus fages têtes de la nature, & appuié fur l'expérience des fiécles paffés.

Cette vérité conftante parmi les hommes eft expliquée admirablement dans l'Ecriture ; Dieu affemble fon peuple, leur fait alors propofer la loi, par laquelle il établiffoit le droit facré & profane, public & particulier de la Nation, & les en fait tous convenir en fa préfence ; Moïfe convoque tout le peuple, & comme il leur avoit déja récité tous les articles de la loi, il leur dit : * Gardez les paroles de ce traité & les accompliffez, afin que vous fachiez ce que vous avez à faire. Vous êtes tous ici devant le Seigneur votre Dieu, vos Chefs,

* Deut. Chap. 29. v. 2. 9. 10. 11. 12. 13. 14. 15.

vos Tribus, vos Sénateurs, vos Docteurs, tout le peuple d'Israël, vos enfans, vos femmes & l'étranger qui se trouve mêlé avec vous dans le camp, afin que tous ensemble vous vous obligiez à l'alliance du Seigneur, & au serment que le Seigneur a fait avec vous, & que vous soyez son peuple & qu'il soit votre Dieu, selon qu'il vous l'a promis & selon qu'il a juré à vos peres Abraham, Isaac & Jacob; & je ne fais pas ce traité avec vous seul, mais je le fais pour tous présens & absens; voilà l'exemple que cet Auteur rapporte; mais parce que de ces paroles de l'Ecriture, il eût voulu plûtôt insinuer que prouver, que le consentement du peuple n'est pas nécessaire pour faire des loix; il a fallu omettre le verset premier du Chapitre qu'il cite.

Voici dit l'Ecriture, les paroles de l'alliance, que le Seigneur commanda à Moïse de faire avec les enfans d'Israel dans le pays de Moab; outre la premiere alliance qu'il avoit faite avec eux fur le mont Horeb; ces paroles démontrent clairement que non feulement le peuple fut affemblé pour affifter , mais encore pour confentir & recevoir la loi comme un traité; & que ferace fi nous recherchons pourquoi Dieu a voulu faire cette feconde alliance ! Car le Deuteronome ou feconde loi, n'eft que la répétition de la précédente, qui avoit été propofée avec tant de folemnité, & reçue par le peuple tout d'une voix, fur le mont Horeb.

Nous verrons alors que l'alliance dont il eft ici queftion a été contractée comme avec un nouveau peuple , en effet après un pélerinage de quarante ans, le peuple ayant été puni pour avoir murmuré & s'être élevé contre Moïfe; de tout ce nombre qui avoit reçu la premiere alliance, il n'étoit refté que Jofué & Caleb. Rapportons à ceci les paroles de l'Evêque de Condom, au commencement de fon texte; à favoir que tous ceux qui ont bien

parlé de la loi l'ont regardée dans
son origine comme un traité solem-
nel, par lequel les hommes conviennent enfemble de ce qui eft néceffaire pour former leur Société
fous l'autorité des Princes. Nous
verrons clairement que par ces paroles, il n'auroit pas fallu alléguer
l'exemple de Dieu & du peuple,
pour preuve de la propofition avan-
cée ; que la loi eft un traité, entre
les hommes en préfence du Prince ; parce que l'Ecriture enfeigne
très-clairement que la loi étoit un
traité entre Dieu & le peuple ; que
fi la loi concerne ce qui eft néceffaire pour la Société humaine ;
elle doit tirer fa force des parties,
foit propofantes foit acceptantes, à
qui il importe de l'établir pour l'u-
fage & le bien de la Société. Com-
binons avec les paroles du même
Livre que nous avons cité la propofition dix-huitiéme de l'article cinquiéme dans laquelle l'Auteur rapporte les cérémonies ufitées au facre

du Roi de France : * Que signifie
la premiere demande au Roi du
Prélat célébrant ? Nous vous sup-
plions, dit-il, d'accorder à nous, à
nos Eglises, que vous conserverez
& défendrez le Privilege Canonique avec la loi & la justice qui
leur est dûe ; ce qui comprend les
immunités Ecclésiastiques également
établies par les Canons & les loix ;
& le Roi répond : Je vous promets de conserver à vous & à vos
Eglises, le Privilege Canonique,
avec la loi & la justice qui leur est
dûe. L'Archevêque lui demande ensuite : Voulez-vous gouverner & défendre votre Royaume, qui vous a
été accordé de Dieu selon la justice
de vos Peres ? Et le Roi répond :
Je le veux, & autant qu'il me sera
possible avec la grace de Dieu, en
consolation à tout le monde. Ainsi
je promets de le faire fidélement en
tout & par tout. On lui demande

* Liv. 1.

enfin s'il veut défendre les saintes Eglises de Dieu, & leurs Pasteurs & tout le peuple qui lui est soumis, justement & religieusement par une Royale Providence, selon les coûtumes de ses peres ; & après qu'il a répondu qu'il le fera de tout son pouvoir ; l'Archevêque demande au peuple s'il ne s'engage pas à se soumettre à un tel Prince, qui lui promet la justice & toutes sortes de biens, & s'assujettir à son regne avec une ferme fidélité, & obéir à ses commandemens selon ce que dit l'Apôtre : Que toute ame soit assujettie aux puissances supérieures, soit au Roi comme étant au dessus de tous les autres : qu'alors il soit répondu d'une même voix par tout le Clergé & par tout le peuple : Qu'il soit ainsi : *Amen.* Après avoir reçu l'Onction & le Sceptre ; le Roi promet de conserver la Souveraineté, les droits, noblesses de la Couronne de France, sans les aliéner ou transporter à personne, & d'exterminer de bonne foi selon

ſon pouvoir tous les Hérétiques no-
tés & condamnés par l'Egliſe ; & il
affermit toutes ces choſes par ſerment.

Que pouvons-nous conclure de
cet exemple, d'une ſi célebre Monarchie ? que ce que notre Auteur
établit lui-même ; que les loix ſont
véritablement un traité entre les
Rois & le peuple, & que le Roi
même de France promet par ſerment la conſervation des droits &
coûtumes, & que le peuple promet de ſon côté la fidélité à un
tel Roi, qui lui promet ſa juſtice;
mais par ces exemples ne nous éloi-
gnons pas de la voie dans laquelle
nous ſommes entrées, & par conſéquent n'oublions pas ce que nous
avons déja dit; que les loix tiroient
leur autorité de celle de l'Auteur
de la nature, & que le pouvoir
d'en établir a été donné à la droite
raiſon humaine par celui qui lui a
imprimé ſon image ; car de cette
concluſion, il s'enſuivra que les
loix ne peuvent jamais être impo-

sées par violence & force coactive,
mais qu'elles doivent être acceptées
par une libre volonté, parce que
Dieu même n'a pas imposé à son
peuple une loi forcée ; mais il a au
contraire en quelque façon demandé qu'il l'acceptât par les magnifi-
ques promesses qu'il lui a faites, s'il
le reconnoissoit pour son Dieu & Seigneur, & s'il restoit fidéle dans l'observance de ses Commandemens.

Considerons la nature de la loi,
en ce qu'il est libre à tout homme de se prescrire des loix à lui-
même ; car tout ce que nous promettons à un autre passe en loi
imposée à nous-mêmes par notre
libre volonté ; car si ce que nous
promettons n'est pas conforme à la
droite raison la promesse est indis-
crette, & nous ne sommes pas obli-
gez de la tenir. Afin donc que la
loi regarde & oblige également toute la Société des hommes (qu'on
appelle peuple) il faut que chacun
s'impose une loi en consentant à
la loi, & pour cela le libre con-

fentement de la volonté eft néceſ-
faire ; car tout ce que l'on fait par
contrainte, & ce à quoi repugnent
la raifon, & la volonté de celui
que l'on contraint, eft par conféquent indifcret, & n'oblige point :
que fi nous continuons d'examiner
tout cela attentivement, nous trouverons que le droit même des gens
comme on appelle, & la loi publique nous enfeignent les vérités que
nous avons rapportées, d'où nous
ne craindrons pas de conclure, que
le confentement public & libre du
peuple, donne vigueur aux loix, de
même que le confentement des Nations a donné force au droit des
gens & à la foi publique ; & nous
trouverons de-là que les loix, que
nous avons déja appellées humaines, émanent de la fource de la
droite raifon, & fes premiers effets
auffi inféparables de l'effence-même
de la droite raifon, que la lumiere
& la chaleur le font du foleil, dont
ils font pourtant des effets ; & ainfi
c'eft à bon droit qu'on les appelle

loix de nature puisqu'elles ne sont autre choses que la nature, & l'essence même de la droite raison ; mais ces sources se subdivisent en loi (ou pour parler d'une maniere plus usitée) en droit des gens qui se subdivise en loix des peuples ou des Royaumes & Principautés &c. Comme en autant de fleuves , & ces fleuves produisent les ruisseaux des loix municipales. Les loix de nature & le droit des gens sont immuables , parce que ce sont de purs effets de la droite raison ; mais comme les fleuves qui coulent de sources très-pures & très-claires , plus ils ont long-cours & plus ils passent en des terrains différens , plus ils contractent des impuretés & immondices ; de même les loix des peuples peuvent contracter quelque chose de la corruption de la nature humaine ; ce qu'il est permis de changer pour raison d'Etat, c'est-à-dire pour le bien & utilité publique par rapport à l'usage , & non par rapport a l'essence, qui n'est

autre que la droite raison même ;
& ce changement n'est à proprement parler qu'une séparation du
pur avec l'impur, comme si quelqu'un ôtoit du lit d'un fleuve la
boue & les ordures , de peur que
les eaux ne se gâtassent.

Les eaux de la droite raison sont
très-pures ; mais par une nécessité
attachée à la nature humaine, elles
ont pour lit la cupidité , parce que
les conceptions de la raison ne peuvent être produites en actes que par
les sens, si leur cupidité est bonne ,
les eaux de la droite raison seront
pures , mais si au contraire elle est
mauvaise , cette boue troublera les
eaux en s'y mêlant , car la cupidité
par elle-même & en tant qu'elle est
unepuissance concupiscible est simple , & n'est déterminée que par son
objet au bien , ou au mal dans les
actes humains , mais elle ne peut-
être déterminée au bien que par la
grace de Dieu, dans les actes spirituels ou méritoires pour le salut ;
parce donc que les eaux de la droi-

te raison coulent dans le lit de la cupidité; il arrive que les différentes mœurs des peuples, la raison du bien public, ont rendu néceſſaires les explications, changemens extenſions, reſtrictions & établiſſemens des nouvelles loix, & en ont produit de différentes, d'abord dans l'origine des Royaumes, Principautés & Républiques; ceux qui veulent ôter aux peuples ce pouvoir ſur les loix, ne parlent certainement pas avec aſſez de réfléxion ſur leur propre intérêt; car depuis que par l'inondation des Barbares l'Empire Romain a été démembré en tant de Royaumes, Principautés, Républiques, à moins que de reconnoître le droit des peuples pour changer les loix, ils ne ſauroient jamais prouver, que cette diviſion ait été faite avec juſtice; car pour ce qui concerne le droit des armes, nous en parlerons en ſon lieu.

CHAPITRE

CHAPITRE XI.

De la Puissance exécutrice des Loix.

NOus avons établi au commencement de ce Traité par la considération de l'ordre de la création de l'homme formé à l'image & ressemblance de Dieu, qu'il a reçu la puissance de la droite raison comme image, & le libre arbitre, comme ressemblance de Dieu ; nous avons examiné l'étendue de la liberté de l'homme, & pour prouver plus fortement l'un & l'autre ; nous avons démontré par l'Histoire du peuple de Dieu, comment en conséquence de ce qui a été dit, Dieu même a agi avec son peuple, qu'il avoit choisi pour être son bien propre ; & enfin nous avons traité dans les Chapitres précédens de la nature, & de l'autorité des loix ; d'où nous avons pû connoître que la droite raison

E

donne aux peuples le pouvoir de faire des loix, dont l'autorité tire son origine de l'Auteur de la nature. Mais la puissance de la cupidité dont les actions morales même s'opposent souvent à la puissance de la droite raison, a causée beaucoup de maux dans la Société des hommes, & sur-tout a introduit l'ambition de dominer sur les autres ; c'est pourquoi la puissance même de la droite raison dictant ainsi, il a fallu qu'il y eût des hommes, à qui on déférât l'obéissance & le jugement, pour discerner les suggestions & les œuvres de la cupidité de celles de la droite raison, & cette autorité de juger a été premierement déférée aux parens dans leurs familles, ensuite aux Anciens dans la Société, & aux gens d'une prudence consommée ; & après que Dieu eut tiré son peuple de la servitude d'Egypte ; nous avons vû que Moïse par le conseil de la droite raison dans la bouche de Jethro, à suivi cet arrangement. Mais lorsque Moïse, ne pouvant plus supporter les murmures du peuple & les plaintes que sa sensualité lui faisoit faire, eût crié à Dieu dans une espéce de trouble de son esprit : Je ne puis porter seul tout ce peuple parce que c'est une charge trop pésante pour moi : * que si votre volonté s'oppose en cela à mon desir, je vous conjure de me faire plûtôt mourir, & que je trouve grace devant vos yeux, pour n'être point accablé de tant de maux ; sur quoi le Seigneur répondit à Moïse : Assemblez-moi soixante & dix hommes des Anciens d'Israël, que vous savez être les plus exprimentés & les plus propres à gouverner, & menez les à l'entrée du Tabernacle de l'alliance, où vous les ferez demeurer avec vous : Je descendrai-là pour vous parler ; je prendrai de l'esprit qui est en vous, & je leur en donnerai afin qu'ils soutiennent avec vous le fardeau de ce peuple & que vous

* _Nomb._ 11. ⅴ. 14.

ne foyez pas trop chargé en le por-
tant feul ; Dieu commanda à Moïfe de choifir ceux qu'il connoiffoit
pour Anciens & expérimentés parmi le peuple ; & Moïfe raconte
lui-même dans le Deuteronome,
comment il a exécuté cet ordre de
Dieu en ces termes,

Et moi en ce même-tems je vous
dis : * Je ne puis fuffire feul à vous
tous, parce que le Seigneur votre
Dieu, vous a fi fort multipliez ; je
ne puis porter feul le poïds de vos
affaires & de vos différens : Choif-
fiffez d'entre vous des hommes fages & habiles , & d'une probité reconnue parmi vos Tribus, afin que
je les établiffe pour être vos Juges
& vos Commandans ; vous me ré-
pondîtes alors :C'eft une bonne chofe que vous voulez faire, & je pris de
vos Tribus des hommes fages & nobles, je les établis pour être vos
Princes.

Il feroit hors-d'œuvres de ré-

* Chap. 1, ỳ. 9. 12. 13. 14. 15.

péter dans ce Traité, ce que nous avons obſervé dans d'autres Médi-tations ſpirituelles ſur cet eſprit ; que Dieu dit qu'il prendroit de Moïſe pour donner aux ſoixantes & dix Anciens ; car nous n'avons rapporté ce texe que pour faire voir l'inſtitution de la puiſſance exé-cutrice des loix , par l'ordre de Dieu même , qui donne l'eſprit néceſſai-re pour exécuter les loix & pour ju-ger ; & ceſt-là pour ainſi dire l'eſ-prit de la droite raiſon , que nous appellerons prudence ; car ce qui eſt en Dieu providence , eſt prudence dans ſon image & reſſemblance; parce que comme Dieu gouverne par ſa Providence ; de même l'hom-me regit , pourvoit & prévoit par la prudence ; & peut être qu'il eſt dit que ces ſoixantes & dix Anciens, ſur qui l'eſprit ſe repoſa prophéti-ſoient , pour nous faire connoître que les Princes & les Puiſſances exé-cutrices des loix , doivent en quel-que façon prophétiſer par la péné-tration de leur prévoyance ; car les

Prophétes font appellés Voyants
dans l'Ecriture. Nous ne prétendons
pas dire par-là que la prudence foit
quelque chofe de réellement diftinct
de la droite raifon & de l'entendement, quoique par les effets elles
paroiffent différentes ; car en tout
homme il y a une ame raifonnable,
& par conféquent dans une figni-
fication étendue , l'intelligence eft
commune à tous , mais nous en
voyons peu qui approfondiffent les
principes des chofes & qui raifon-
nent, & nous en trouvons encore
moins qui conforment leur conduite aux régles de la prudence ; l'entendement conçoit , la mémoire re-
tient ce qui eft conçu , la raifon juge , & la prudence comme nous
avons déja dit prévoit & combine
tout ; mais de tant de diverfes opérations de la même ame , & douée
des mêmes facultés dans tous les
hommes. Paffons un peu à examiner les miféres de notre condition,
qui font la jufte peine du péché,
car depuis que par le péché l'efprit

ou l'ame, qui dans son origine avoit
été favorisé de si excellentes qualités, a perdu son empire sur la chair;
elle produit ses opérations selon
les différens états & dispositions du
corps, & ces états du corps sont
communs à tous, comme la croissance, la consistence & décroissement;
les dispositions au contraire sont particulieres en tous, comme la structu-
re du cerveau, lorganization des
membres, le temperament; & la
bonté de Dieu a diversifié en ces
différentes dispositions ses graces
naturelles, c'est-à-dire propres de
la nature de l'homme; graces pourtant comme n'étant pas également
dûes à tous. Mais expliquons ceci
plus clairement : nous appellons
graces naturelles comme dûes à la
nature de l'homme, les facultés de
l'ame, l'entendement, la mémoire
& la volonté, car ce sont des graces par rapport à l'ame, en tant
que Dieu a voulu l'orner de ces facultés; mais elles lui sont dûes par
l'ordre de la création, par lequel

Dieu a voulu les lui donner, & en conséquence du décret de Dieu, cette ame est dûe à tout homme; mais par un funeste effet du péché que le premier homme a commis par sa prévarication, il est arrivé que l'usage de ces facultés n'est pas donné à tout homme dans un égal dégré, parce que selon l'ordre du juste châtiment du péché, Dieu donne à chacun ce qui lui plaît, & ce qui est juste; ainsi un bon temperament, une heureuse disposition du cerveau, une organization parfaite du corps, la beauté du visage, & sont des dons purement gratuits à l'homme, & ce sont autant de dispositions favorables pour bien employer les facultés de l'ame dans la conduite de la vie morale; ces graces s'appellent naturelles, comme étant données dans l'ordre de la nature, & c'est pour cela qu'elles sont communes à tous les hommes, ou Elûs ou réprouvés par rapport au salut; pour lequel il faut des graces surnaturelles, afin que l'homme

exerce utilement ses facultés, dont
nous ne parlons pas ici ; mais quoique ces dispositions soient dans le
corps, l'ame cependant ne peut pas
également faire les fonctions de ces
facultés dans le cours de toute la vie
humaine, à cause des différens états
de croissance, consistence, & décroissement des organes : de-là vient
que dans un enfant l'entendement
se manifeste d'abord qu'il commence à entendre le langage & les si-
gnes, dans l'état puerile la raison
commence à se développer & meû-
rit ensuite dans l'état de consistence,
dans lequel la prudence commence
à agir, & plus l'homme vit plus
elle se perfectionne par l'expérience, & c'est pour cela qu'on l'appelle vertu, & on peut en ce sens la
regarder comme l'esprit ou la per-
fection de la raison, parce qu'un
homme prudent non-seulement rai-
sonne & juge bien, mais encore agit
selon la raison, ce qui est la per-
fection de l'homme par rapport à la
vie morale ; c'est-là la puissance con-

E v

fommée de la raifon qui gouverne la volonté dans tous ces différens états de l'âge de l'homme; la volonté fe manifefte toujours comme elle eft, c'eft-à-dire une puiffance aveugle; dans la croyance elle eft prefque toujours entrainée par la vivacité de l'entendemnt, qu'on appelle efprit, & de-là procédent les actions inconfidérées, impétueufes, & emportées : dans l'état de confiftence la volonté fuit davantage la raifon, & de-là cet attachement à fon propre fens, & ces actions qui manquent de circonfpection ; mais lorfque la prudence eft jointe à la raifon, celle ci commence à prévoir & pourvoir, & par là on met à la volonté le frein de la difcretion pour qu'elle fe détermine avec prudence, c'eft-à-dire felon qu'elle a prévûe & pourvûe. Concluons donc que la prudence eft en quelque maniere l'efprit de la raifon, & l'efprit de confeil pour bien vivre moralement, & que felon le cours ordinaire de la nature elle fe trouve dans les vieillards, & c'est pour cela qu'on a toujours respecté l'autorité des Anciens.

Dieu même en fit choisir pour exercer avec Moïse la puissance exécutrice des loix. Ne craignons donc pas de dire que toute forme de gouvernement est bonne, lorsqu'il est fondé sur la prudence de la raison, parce que celle-ci se soumettant à l'autorité des loix, employe cette même autorité, & ne se laisse pas conduire par sa cupidité, & que ce sont-là les puissances dérivées de Dieu Auteur de la nature, & qu'y résister, c'est s'opposer à Dieu même ; mais pour que nous apprenions cette vérité de l'Ecriture, il faut observer dans le texte déjà cité que d'abord au commencement Dieu a établi parmi son peuple la forme de République, en joignant les soixante dix Anciens à Moïse, pour lui alléger le fardeau du gouvernement, & il prit de l'esprit de Moïse & leur en donna. Alors le Seigneur étant descendu de la nuée parla à

Moïfe, prit de l'efprit qui étoit en lui, & le donna à ces foixante dix hommes: l'efprit s'étant donc répofé fur eux, ils commencérent à prophétifer, & continuérent toujours depuis, mais qu'entre eux Moïfe ait eu le premier rang; il n'y a perfonne qui en puiffe douter, puifque Dieu lui-même dans le Chapitre fuivant, à l'occafion du murmure d'Aaron & de Moïfe, leur déclare cette vérité, en difant: * Ecoutez mes paroles, s'il fe trouve parmi vous un Prophéte du Seigneur, je lui apparoîtrai en vifion, ou je lui parlerai en fonge; mais il n'en eft pas ainfi de Moïfe, qui eft mon ferviteur très-fidéle dans toute ma Maifon: car c'étoit-là la caufe du péché d'Aaron & de Marie, d'avoir voulu être femblables à Moïfe, difant: Le Seigneur n'a-t-il parlé que par le feul Moïfe; ne nous a-t-il pas parlé auffi comme à lui?

En tout ce qui regardoit la con-

* Chap. 12. ℣. 6. 7.

duite du peuple de Dieu, Moïse préſidoit, mais dans les jugemens ſa dignité fut partagée avec les ſoixante-dix Anciens, & Joſué lui ſuccéda auſſi dans la même autorité, mais lorſque le peuple eut commencé d'entrer en poſſeſſion de la terre Promiſe; Joſué même nous apprend que les Tribus étoient jugées en pleine aſſemblée; & par le Livre des Juges, il paroît que le cas extraordinaire & abominable du violement de la femme d'un Lévite fut examiné, & jugé ſemblablement dans l'aſſemblée de tout le peuple. * Nous voyons un grand exemple de la foi publique dans les Gabaonites, quoiqu'ils euſſent trompé Joſué, quoique le ſerment que ce Chef fit avec les Princes du peuple aux Gabaonites, paroiſſe précipité, parce qu'ils n'avoient pas conſulté le Seigneur, & indiſcret, puiſqu'il ſemble contraire au Commandement que Dieu

---

* Joſué Chap. 22. ℣. 11. 12. 13. 14. 33.
Juges. Chap. 20. ℣. 6. Joſué Chap. 9.

avoit fait auparavant d'exterminer
les habitans de cette terre, & que
l'exposé des Gabaonites ait été faux
& frauduleux, quoique tout le peuple ait murmuré ; cependant parce
que Josué & les Princes avoient juré
l'alliance avec eux au Nom du Seigneur, ils crurent qu'il étoit convenable de s'en tenir à leurs sermens ; peut-être cependant que l'occasion se présentera de traiter ailleurs cette matiere ; car nous voulons seulement par cette Histoire
prouver que Josué partageoit l'autorité avec les Princes du peuple,
dans l'exécution des loix selon la
forme du gouvernement Républi-
cain, ce qui paroît dans la distribu-
tion de la Terre Promise, par ces paroles que l'Ecriture rapporte : * Voici ce que les enfans d'Israël ont pos-
sédé dans la terre de Canaan, qu'E-
leazar Grand Prêtre, Josué fils de
Num & les Princes des familles de
chaque Tribu d'Israël leurs donné-

* Josué Chap. 14. ỹ. 1.

tent. Il paroît que ces derniers font différens des Princes des Tribus que Moïse avoit établis par ordre de Dieu après avoir été élûs par le confentement des Tribus, comme on a ci-deffus rapporté fur le témoignage de Moïse.

* Notre opinion eft confirmée par ce que fit Jofué, lorfque fur le point de donner un partage aux fept Tribus, qui étoient demeurées fans en avoir, il dit aux enfans d'Ifraël affemblez à Silo : Choififfez trois hommes de chaque Tribu afin que je les envoye, & qu'ils aillent faire le tour du Pays... Divifez entre vous la terre en fept parts : ainfi fut faite la féparation des Villes de refuge, * qui ne fut pas à la difpofition du feul Jofué comme Prince. Après cela le Seigneur parla à Jofué en ces termes : Parlez aux enfans d'Ifraël, & dites-leur : Marquez les Villes pour ceux qui cherchent un lieu de refuge : à cet état Répu-

*Chap. 18. ℣. 2. 3. 4. 5. * Chap. 20. ℣. 1

blicain, dont nous trouverons des vestiges dans tous les Livres des Juges, succéda le gouvernement des Rois; & à l'occasion de son institution il nous faut toujours considérer la liberté que Dieu donna à son peuple par rapport au gouvernement politique, car il n'exige rien de lui si particulierement que de ne pas servir des Dieux étrangers. Ceux mêmes qui dans le gouvernement politique préferent une forme spécifique de gouvernement aux autres, avouent que cetteforme de République se trouve dans le peuple de Dieu, comme nous avons dit; mais ils répétent avec énergie que Dieu a toujours été leur Roi, pour pouvoir conclure de là que le gouvernement Royal est plus excellent que les autres; mais leur opinion propre les entraîne si subtilement qu'ils ne s'apperçoivent pas que cela ne peut s'expliquer ainsi à moins que d'admettre une de ces deux propositions; que quand le peuple demanda & obtint un Roi, ou alors il eut deux Rois, c'eſt-à-dire Dieu, & celui qui lui fut donné, ou que la Théocratie ceſſa ſous le gouvernement des Rois : à la vérité il n'y aura point d'abſurdité à dire que le peuple avoit deux Rois, en ce ſens que même à préſent tous les Royaumes en ont deux en tant que Dieu eſt le Roi des Rois, & le Seigneur des Seigneurs ; mais ſelon cette conſidération, on ne pourra pas dire que la forme du gouvernement ait changé ſous les Rois, car Dieu qu'ils diſent avoir été Roi du tems de Moïſe, Joſué & les Juges, a été ſans doute & ſera toujours Roi, mais comme l'Ecriture nous montre des choſes bien différentes dans les textes que nous citerons ci-après ; retirons nos penſées des ſuggeſtions de l'eſprit humain, & réfléchiſſant dans la ſimplicité ſur ce que nous avons déjà rapporté, diſons que Dieu a d'abord voulu manifeſter à ſon peuple la forme du gouvernement la plus convenable à la nature de l'homme & à ſa digni-

té, en attribuant l'autorité Souveraine aux loix & en commettant l'exécution à Moïse, & aux soixante-
dix Anciens, en communiquant à
ceux-ci le même esprit qu'il avoit
donné à Moïse.

Sous eux les Chefs des familles gouvernoient leurs maisons, ils étoient seulement commis pour conserver par les
prérogatives assujetties à l'autoriré des
loix, la liberté de la droite raison, &
de la volonté, en quoi consiste la dignité de l'homme comme créature de
Dieu.

CHAPITRE XII.

De la Puiſſance Royale & du Gouvernement des Rois du peuple de Dieu , & du différent caractere de Prince & de Roi.

A La vérité nous n'avons pas négligé d'obſerver, mais nous devons encore plus exactement méditer, que quand Dieu eut tiré ſon peuple de l'Egypte , & que ce peuple fut arrivé au bas de la montagne de Sinaï, ayant appellé Moïſe au haut de la montagne, il lui ordonna de dire au peuple : * Vous avez vû vous-même (dit Dieu) ce que j'ai fait aux Egyptiens , & de quelle maniere je vous ai portez comme l'aigle porte ſes aiglons ſur ſes aîles ; ſi donc vous écoutez ma

* *Exod.* 19. ℣. 4. 5. 6.

voix, & si vous gardez mon alliance, vous serez le seul de tous les peuples que je posséderai comme mon bien propre, car toute la terre est à moi, vous serez un Royaume, vous serez la Nation sainte ; c'est-là ce que vous direz aux enfans d'Israël. Ce sont là certainement des paroles émanées de l'infinie miséricorde de Dieu, par lesquelles il a montré sa bonté pour son peuple, qu'il a choisi sur tous les autres quoique toute la terre soit à lui.

Si quelqu'un en méditant ces paroles, veut les interpreter selon son sens particulier, il observera d'abord cette expression, Royaume, & il dira : Dieu appelle Royaume, mais il n'y a point de Royaume sans Roi, Dieu sous entend donc qu'il veut être Roi ; donc les Royaumes sont d'institution divine ; donc la puissance Royale a Dieu même pour Auteur : mais reprimons un peu les saillies de l'esprit humain, & ne commençons pas en contredisant aux autres, de péser les paroles de

Dieu , mais féparons les des paroles des hommes.

Dieu déclare lui-même que toute la terre eft à lui , & s'il avoit pris feulement Ifraël pour fon Royaume, en laiffant tous les autres peuples , il auroit à ce feul borné fa Royauté, mais il choifit Ifraël d'une maniere bien plus particuliere & plus remplie de miféricorde pour être fon bien propre , comme il le fait voir d'abord , & en cela confif-toit la fingularité de ce choix : car Dieu comme Dieu poffédoit toute la terre , mais dans le genre-humain conftitué fous le joug du péché, il n'avoit point d'héritage , & ainfi il chercha à en avoir un & non un Royaume , & cet héritage a dû porter le caractere Sacerdotal , & ainfi être la Nation fainte. Difons caractere Sacerdotal parce que ce mot *Sacerdotal* dérive de celui de *Sacerdos* qui fignifie dot facrée ou oblation fainte , & par ce caractere de dot facrée ou oblation fainte, le peuple de Dieu fut fon héritage , & cet-

te oblation demanda le libre consentement, & c'est pour l'obtenir
d'une créature libre, que Dieu dit :
Vous avez vû vous-même, comment je vous ai portés comme l'aigle porte ses aiglons sur ses aîles,
d'où nous inferons que ce peuple
pour être le bien propre de Dieu a
dû se donner tout à lui : & par-là
il est devenu Sacerdotal ou dot,
& don sacré, & par conséquent
c'étoit la Nation sainte, & de tout
cela nous conclurons que dans ce
Royaume Sacerdotal Dieu a voulu
regner non comme Roi, mais Gouverner comme Prince, & c'est pour
cela qu'il dit dans la Loi : Soyez
Saints comme je suis Saint, pour
montrer par cette pureté de sainteté
qu'il exigeoit, qu'il vouloit seulement être le premier ou le Prince.
Ainsi dans le peuple de Dieu la seule puissance de la droite raison auroit dûe sous l'autorité des loix gouverner par le ministere des Juges,
dont le Prince ou le premier auroit
été Dieu comme Dieu des Dieux se-

lon son intention pleine de bénignité.

Ce que nous disons là ne paroîtra pas absurde si on l'examine dans son sens naturel, & nous ne prétendons en aucune maniere déroger à la dignité Royale, mais seulement distinguer la puissance de la cupidité, de la puissance que nous reconnoissons être de Dieu dans les Rois, & c'est pour cela qu'il faut distinguer le caractere de Prince du titre de Roi, car tout Roi devroit être Prince, mais réciproquement, tout Prince n'est pas appellé Roi. Comme nous avons déja observé ci-dessus, les Princes des Tribus avoient été établis par l'ordre de Dieu parmi le peuple, & c'étoit la droite raison qui avoit établi les Princes des maisons & familles : mais parmi les Gentils presque chaque Ville avoit un Roi : & nous voyons que ce titre de Roi étoit usité parmi les Nations, parce que dirent tous les Anciens d'Israël assemblés près de Samüel à Ramatha : * Vous voyez

* Rois Chap. 8. ℣. 4.

que vous êtes devenu vieux, & que vos enfans ne marchent point dans vos voies. Etablissez donc sur nous un Roi comme en ont un toutes les Nations, afin qu'il nous Juge. Cette proposition déplut à Samüel, voyant qu'ils lui disoient : Donnez-nous un Roi afin qu'il nous juge. Il offrit sa priere au Seigneur, & le Seigneur lui dit : Ecoutez la voix de ce peuple dans tout ce qu'ils vous disent, car ce n'est point vous, mais c'est moi qu'ils rejettent afin que je ne regne point sur eux. Ecoutez donc ce qu'ils vous disent, & déclarez leur quel sera le droit du Roi qui doit regner sur eux ; qu'est-ce qui auroit pû déplaire à Samüel en ce que les Anciens voyant que ses enfans ne marchoient point dans ses voies, lui eussent demandé quelqu'un qui les jugeât, s'ils ne l'avoient demandé sous le titre & puissance de Roi, comme avoient toutes les Nations ? Car il étoit déja arrivé à l'occasion de la mort de Josué que le peuple consultant le
Seigneur

Seigneur, lui dit : * Qui marchera à notre tête pour combattre les Cananéens, & qui sera notre Chef pour la guerre ? Le Seigneur répondit : Juda marchera devant vous. Car ils ne demandérent pas un Roi, mais un Chef, & il paroît que c'étoit la volonté de Dieu que quelqu'un conduisît son peuple, & non qu'il regnât personne dans son héritage, & Royaume Sacerdotal que lui-même ; demander donc un Roi étoit donc rejetter la Souveraineté de Dieu ; & qu'est-ce qui peut plus clairement prouver cette vérité que les paroles mêmes de Dieu à Samüel : ce n'est pas vous qu'ils ont réjetté, mais moi afin que je ne regne point sur eux ?

Samüel ayant entendu la réponse du peuple, la rapporta au Seigneur, & le Seigneur lui dit : * Faites ce qu'ils vous disent & donnez-leur un Roi qui les gouverne. L'Evêque de Condom dans son se-

* Juges Chap. 4. v. 12. * Art. 1. Prop. 7.

F

cond Livre de la politique tirée de l'Ecriture-Sainte, voulant prouver que la Monarchie eſt la forme de gouvernement la plus commune, la plus ancienne, & auſſi la plus naturelle, obſerve fort bien, que le peuple d'Iſraël ſe reduiſit de lui-même à la Monarchie, comme étant le gouvernement univerſellement reçu, & citant les paroles déja marquées du peuple à Samüel, il ajoute, ſi Dieu ſe fâche, c'eſt à cauſe que juſques-là il avoit gouverné ce peuple par lui-même, & qu'il en étoit le vrai Roi, c'eſt pourquoi il dit à Samüel : Ce n'eſt pas lui qu'ils rejettent, c'eſt moi qu'ils ne veulent point : au reſte, continue cet Auteur, ce gouvernement étoit tellement le plus naturel, qu'on le voit d'abord dans tous les peuples : nous l'avons vû dans l'Hiſtoire-Sainte, mais ici un peu de recours aux hiſtoires profanes nous fera voir que ce qui a été en République a vécu premierement ſous des Rois ; ne cher-

chons donc point d'argument plus
solide pour prouver notre proposition, que ceux qu'un si sage Prélat met en avant : que les Gouvernemens Monarchiques sont les plus
anciens, les plus communs, & les
plus conformes à la nature-humaine.

Telle fut l'origine du Gouvernement Monarchique dans l'héritage du Seigneur ; mais ce seroit une
témérité de conclure de-là, & une
absurdité si nous prétendions établir
sur ce principe, que la puissance
Royale est illégitime & contraire à
l'institution de Dieu. Nous apprenons du Savant Evêque de Condom,
au Livre II. * quelle a été la véritable puissance donnée par la saine
raison : car après avoir établi que
Dieu a été véritablement Roi, &
avoir assuré qu'il a véritablement
exercé son Empire & son autorité
sur les hommes, il dit que l'Empire Paternel a été le premier parmi les hommes : & il paroîtra que

______

* *Art.* 1. *Prop.* 3.

F ij

c'est-là le véritable Gouvernement
de Prince, qui donne aux Rois le
véritable caractere de pere, & de
premier. Ainsi l'essence de la dignité Royale est le caractere de pere ;
notre Auteur s'attache à prouver
par des argumens tirés de loin cette puissance Paternelle, que nous
avons dit précédemment que l'exemple même des animaux nous
apprend être donné par la nature :
ce que dit l'Auteur dans l'endroit
déja cité vient tout-à-fait à notre
sujet ; que nous pouvons juger que
la premiere idée de commandement
& d'autorité humaine est venue aux
hommes de l'autorité Paternelle.

Les hommes continue-t-il, vivoient
de longues années au commencement du monde, comme l'ateste non-
seulement l'Ecriture, mais encore
toutes les anciennes Traditions, &
la vie humaine commença à décroî-
tre seulement après le déluge, où
il se fit une grande altération dans
la nature , un grand nombre de
familles se voyoient par ce moyen

réunies sous l'autorité d'un seul grand-pere, & cette union de tant de familles avoit quelque image de Royaume. Assurément durant tout le tems qu'Adam vécut, Seth que Dieu lui donna à la place d'Abel, lui rendit avec toute sa famille une entiere obéissance. Caïn qui viola le premier la fraternité humaine par un meurtre, fut aussi le premier à se soustraire de l'Empire Paternel; * haï de tous les hommes & contraint de s'établir un refuge, il bâtit la premiere Ville, à qui il donna le nom de son fils Henoc; les autres hommes vivoient à la campagne dans la premiere simplicité, ayant pour loi, la volonté de leurs parens & les coûtumes anciennes : telle fut encore après le déluge la conduite de plusieurs familles, sur-tout parmi les enfans de Sem, où se conservérent plus long-tems les anciennes Traditions du genre-humain, & pour le culte de Dieu, & pour la maniere

* Gen. 4. ⍟. 17.

du gouvernement. Ainſi Abraham, Iſaac & Jacob perſiſtérent dans l'obſervance d'une vie ſimple & Paſtorale, ils étoient avec leurs familles libres & indépendants : * ils traitoient d'égal avec les Rois. Abimelech Roi de Gérare, vint trouver Abraham, & ils firent un traité enſemble, il ſe fit un pareil traité entre un autre Abimelech fils de celui-ci, & Iſaac fils d'Abraham ; nous avons vû dit Abimelech, * que le Seigneur étoit avec vous, & pour cela nous avons dit qu'il y ait entre nous un accord confirmé par ſerment. Abraham fit la guerre de ſon chef aux Rois, qui avoient pillé Sodome, les défit, & offrit la Dixme des dépouilles à Melchiſedech Roi de Salem, Pontife du Dieu très-haut, c'eſt pourquoi les enfans de Seth, avec qui il fit un accord, l'appellent Seigneur & le traitent de Prince : * Ecoutez-nous Seigneur,

* Gen. 21. 23. 32. * Gen. 26. 28.
* Gen. 23. ⅴ. 6.

vous êtes parmi nous un Prince de
Dieu , c'est-à-dire qui ne releve que
de lui : aussi a-t-il passé pour Roi
dans les histoires profanes.

Nicolas de Damas soigneux ob-
servateur des Antiquités, le fait Roi,
& sa réputation dans tout l'Orient
est cause qu'il le donne à son pays ;
mais au fond la vie d'Abraham étoit
Pastorale , son Royaume étoit sa
famille , & il exerçoit seulement à
l'exemple des premiers hommes
l'empire domestique & paternel.
L'Auteur a parlé jusqu'ici ; Jacob
& sa postérité habitant la terre de
Gessen en Egypte , observa la même
maniere de vivre, de-là vint le nom
de Princes des familles & maisons ;
de-là procéda le respect pour les
aînés , enfin c'est de-là que nous
avons établi l'origine de la liberté
du peuple de Dieu , qui voulut continuer ce même gouvernement paternel dans le peuple qu'il avoit
choisi pour son héritage de telle sorte , que dans les autres Nations il
regnoit comme Roi & Seigneur des

Seigneurs, mais dans le Royaume Sacerdotal, & comme nous avons déja dit de la dot sacrée, il commandoit comme pere & comme Prince.

Toutes les loix morales, que Dieu donna à son peuple tendent à ce but de réduire tout le peuple dans une famille, & c'étoit là la véritable République, à laquelle est diametralement opposé le droit du Roi dont Samüel fit le détail au peuple, par lequel tout est transporté de la République dans le particulier, & d'où se forme le regne de la cupidité; telle fut la domination usurpée & si ancienne parmi les Nations que Nembord s'arrogea comme nous avons souvent répété, ce fut donc à bon droit que Dieu fut irrité, & qu'il se plaint d'être en quelque façon rejetté par son peuple qui demande d'avoir un Roi comme les autres Nations, mais comme il avoit prévu ce qui devoit arriver, afin que par le droit du Roi qu'il fit déclarer par Samüel, il ne semblât donner aux Rois un pouvoir arbitraire, il fit d'abord écrire par Moïfe dans le Deuteronome les loix qui regardoient les Rois, qui de-voient regner en Ifraël, fort oppo-fées au droit des Rois Gentils, que Samüel repréfenta : Quand vous fe-rez entré, * dit le Deuteronome, dans le Pays, que vous en ferez en poffeffion & que vous y demeure-rez, fi vous venez à dire : Je choi-firai un Roi pour me commander comme en ont toutes les Nations, qui nous environnent ; vous éta-blirez celui que le Seigneur votre Dieu aura choifi du nombre de vos freres, vous ne pourrez prendre pour Roi un homme d'une autre Na-tion, & qui ne foit point votre fre-re, & lorfqu'il fera établi Roi, il n'amaffera point un grand nombre de chevaux, & il ne ramenera point le peuple en Egypte, s'appuyant fur le grand nombre de fa cavalerie, principalement après que le Seigneur

* Chap. 17. ℣. 11.

F v

vous a commandé de ne retourner
plus à la venir par la même voie;
il n'aura point une multitude de
femmes qui se rendent maîtresses de
son esprit, ni une quantité immen-
se d'or & d'argent; après qu'il sera
assis sur le Trône, il fera transcrire
pour soi dans un Livre ce Deuteronome & cette Loi du Seigneur, dont
il recevera une Copie des mains des
Prêtres de la tribu de Lévi: il l'aura
avec soi, & il la lira tous les jours
de sa vie, pour apprendre à crain-
dre son Dieu, & garder ses paroles
& ses cérémonies, qui sont prescri-
tes dans la Loi; que son cœur ne s'enfle point d'orgueil au-dessus de ses
freres, & qu'il ne se détourne ni
à droite ni à gauche afin qu'il regne
long-tems lui & ses fils sur le peuple
d'Israël. Cette instruction est courte,
mais énergique: & si le peuple eût
dit à Samüel, que Dieu nous donne
un Roi, comme Moyse dans le Deuteronome prédit qu'il sera, sans
doute, Dieu ne se fût pas fâché,
parce que non-seulement il avoit

prévû que cela feroit ainfi , mais encore comme on peut conjecturer en conféquence de fes œuvres, il étoit dans l'ordre de fes décrets , que ce peuple eût des Rois, mais non tels qu'ils les demandoient voulant à l'exemple des Nations, un Roi qui le dominât, & rejettant ainfi la domination de Dieu.

Ayant donc pofé ces préliminaires, que l'on combine le droit du Roi que Samüel déclara , & que nous avons déja rapporté , & la loi que le Deuteronome donne aux Rois , & il paroîtra plus clair que le jour , combien eft différente la puiffance paternelle & fraternelle donnée aux Rois , qui eft le véritable gouvernement de Prince de ce droit ufurpé par la cupidité , que Samüel annonce au peuple afin qu'il reconnoiffe la folie de fa demande ; certainement il fera manifefte que la premiere de fes puiffances concerne une République de freres , & que la feconde fe rapporte à l'intérêt particulier ; la premiere eft une

puiſſance exécutrice des loix, qu'elle ordonne d'avoir toujours devant
les yeux, de lire , & d'exécuter ; la
ſeconde eſt une puiſſance uſurpée,
qui fait des loix, où elle ne ſuit
que les mouvemens de ſa cupidité,
qui exerce une autorité tyranique
ſur les ſujets , & pleine d'injuſtice ;
c'eſt pour cela que Jeſus-Chriſt dit
dans l'Evangile à ſes Diſciples, dans
le nombre deſquels ſont compris les
Rois Chrétiens : * Les Rois des Nations les traitent avec empire, &
ceux, qui en ſont les maîtres en
ſont appellés les bienfaiĉteurs : qu'il
n'en ſoit pas de même parmi vous,
mais que celui qui eſt le plus grand
devienne comme le moindre, & celui qui gouverne comme celui qui
ſert ; car lequel eſt le plus grand de
celui qui eſt à table ou de celui qui
ſert ? N'eſt-ce pas celui qui eſt à
table ? & néanmoins je ſuis parmi
vous comme celui qui ſert ; mais
ce n'eſt pas encore ici la place de

* S. Luc Chap. 22. ỹ. 25.

parler du caractere des Rois Chrétiens ; retournons donc à considérer cet admirable égard pour ainsi dire, que Dieu a pour la libre volonté de son peuple, quoiqu'il demandât un Roi follement & contre la volonté de Dieu. * Ecoutez donc ce qu'ils vous disent , dit-il à Samüel, mais auparavant faites-leur bien comprendre & déclarez-leur quel sera le droit du Roi qui doit regner sur eux ; Samüel ayant entendu la réponse du peuple, la rapporta au Seigneur , & le Seigneur lui dit : * Faites ce qu'ils vous disent & donnez-leur un Roi qui les gouverne , mais nonobstant ce commandement ; voyons quelles formalités y observe la bonté divine : * ce fut Dieu qui indiqua à Samüel de sacrer Saül, & selon ce commandement Samüel prit une petite fiole d'huile qu'il répandit sur la tête de Saül, & il le baisa & lui dit ;

* Moïse Chap. 8. ℣ 9. * ℣. 21. ℣. 22.
* I. Rois Chap. 11.

C'eſt le Seigneur qui par cet onction vous ſacre Prince ſur ſon héritage, & vous délivrerez ſon peuple de la main de ſes ennemis qui l'environnent. Voici la marque que vous aurez, que c'eſt Dieu qui vous a ſacré pour Prince: * En même-tems l'Eſprit du Seigneur ſe ſaiſira de vous, vous prophétiſerez avec eux, c'eſt-à-dire avec les Prophétes, dont Samüel lui avoit prédit auparavant qu'il rencontreroit une troupe (& vous ſerez changé en un autre homme) il auroit donc ſuffi à Samüel de déclarer au peuple ce qu'il avoit déja dit à Saül à l'occaſion de ſon ſacre, & certainement le peuple entendant Saül prophétiſer, auroit cru à Samüel, & reconnu Saül pour Roi.

Après cela Samüel fit aſſembler tout le peuple à Maſpha devant le Seigneur, & il dit aux enfans d'Iſraël: Voici ce que dit le Seigneur le Dieu d'Iſraël: C'eſt moi qui vous

* ỳ. 6.

ai tiré de l'Egypte, & qui vous ai délivrez de la maison des Egyptiens, & de toutes les miféres qui vous accabloient: Nous ne vous écoutions point, m'avez-vous répondu ; mais établiffez un Roi fur nous maintenant, donc préfentez-vous devant le Seigneur, chacun dans le rang de fa tribu & de fes familles, & Samüel ayant jetté le fort fur toutes les tribus d'Ifraël, il tomba fur la tribu de Benjamin, il le jetta enfuite fur les familles de la tribu de Benjamin, & il tomba fur la famille de Metri, & enfin jufques fur la perfonne de Saül fils de Cis ; on le chercha auffi-tôt, mais il ne fe trouva point, & ayant confulté le Seigneur pour favoir s'il viendroit en ce lieu là. Le Seigneur lui répondit : A l'heure qu'il eft, il eft caché dans fa maifon, ils y coururent donc, le prirent & l'emmenérent, & lorfqu'il fut au milieu du peuple, il parut plus grand que tous les autres de toute la tête.

Samüel dit à tout le peuple : Vous

voyez quel eft celui que le Seigneur a choifi, & qu'il n'y en a point dans tout le peuple qui lui foit femblable, alors tout le peuple s'écria : Vive le Roi, nous trouvons là beaucoup d'excellentes inftructions, & fur toutes les autres, nous obferverons premierement comme nous l'avons déja infinué plus haut, que ce fut Dieu même qui choifit Saül, & qui le fit facrer pour Prince dans fon héritage, & entre les autres marques que lui donna le Prophéte qu'il avoit été facré Prince, fut que l'Efprit du Seigneur fe faifiroit de lui, & qu'il feroit changé en un autre homme ; mais tout n'étoit pas encore achevé jufqu'à ce que Samüel affembla tout le peuple à Maf-pha ; & après avoir derechef reproché au peuple qu'en demandant un Roi il avoit rejetté le Seigneur, il fit jetter le fort fur les tribus & familles, mais il ne dit pas, Dieu l'a ordonné, & il a facré Saül pour être votre Roi, car quoique cela ait été fait ainfi, Dieu conferva toute la

liberté au peuple pour l'Election
afin que la bouche du peuple pro-
nonçât ce que Dieu réfolut,& qu'ainfi la voix du peuple devint la voix
de Dieu. Après donc que le fort fut
tombé fur Saül, voilà qu'on ne le
trouve point dans la multitude, &
il fallut encore confulter Dieu pour
favoir s'il viendroit, & Dieu indiqua qu'il étoit caché:& certainement
en cette occafion il montra encore
mieux qu'en prophétifant que l'Efprit du Seigneur s'étoit emparé de
lui, & qu'il étoit devenu un autre
homme, car il ne rechercha pas la
Royauté, mais Dieu chercha Saül
qui ayant été enfin trouvé parut au
milieu du peuple plus grand qu'aucun qui fut dans cette multitude ; &
le peuple voyant cela s'écria : Vive
le Roi, & proclama fous le titre de
Roi par de libres fuffrages celui
que Dieu avoit fait facrer Prince ;
& ainfi Dieu lui donna le caractere de Prince fur fon héritage par
l'onction facrée, & lui conféra l'efprit de Prince après le facre , mais

le peuple à l'exemple des Nations le nomma Roi, parce qu'il le vouloit tel, mais confidérons les fuites d'un acte fi folemnel ; Samüel prononça enfuite devant le peuple la loi du Royaume qu'il écrivit dans un Livre, & il le mit en dépôt devant le Seigneur.

Ne difputons pas quelle a été cette loi. Suppofons que ce fut celle que nous avons ci-deffus rapportée, que Samüel prédit par ordre de Dieu, car il ne s'enfuivra pas de là qu'il l'ait écrite, & propofée aux Rois comme la régle de leur conduite, mais plûtôt pour les avertir de prendre garde à ne pas déroger à la loi donnée aux Rois dans le Deuteronome, mais il voulut que l'une & l'autre fût écrite, afin qu'en les confrontant on vit mieux la différence du gouvernement des Rois Gentils, de celui des Rois Princes qui devoient regner, & non pas dominer dans l'héritage du Seigneur. * Après

* ℣. 26. 27.

cela Saül s'en retourna auſſi chez-lui à Gabaa avec une partie de l'ar-mée, dont Dieu avoit touché le cœur & qui acquieſcérent librement à la volonté de Dieu manifeſtée par l'élection du ſort ; mais les enfans de Belial commencérent à dire au contraire : Comment celui-ci nous pourroit-il ſauver ? & ils le mepri-ſérent, & ne lui firent point de pré-ſens ; mais voyons la conduite de Saül à leur égard, il ne veut point uſer de rigueur ; il n'ordonne pas qu'on puniſſe les refractaires, à l'e-xemple des Rois des Nations, il ne les traite pas en eſclaves ſelon le droit du Roi que Samüel avoit laiſ-ſé par écrit ; cette conduite eſt trop éloignée des ſentimens de celui qui avoit été changé en un autre hom-me, mais Saül diſſimula cet outrage & feignit de ne pas les entendre. Quelque politique mondain dira-t-il, Saül fit prudemment, car il ne convenoit pas à un Roi nouvelle-ment élu d'expoſer ſa perſonne, ſon autorité & ſa dignité, en commandant si précipitamment à cette partie de l'armée qui l'avoit suivi, de fondre sur les rebelles ; car peut être ceux de son parti auroient mieux aimé se tourner de leur côté que d'aller contre leurs freres, mais ici la politique doit se taire, Saül n'eut point à reprimer des mouvemens de vengeance, mais conduit véritablement par l'Esprit de Dieu, il exerça un acte de clémence, il agit en Prince, en pere & en frere : * car revenant victorieux & triomphant des ennemis, exalté par tout, le peuple l'excita à la vengeance, en disant à Samüel : Qui sont ceux qui ont dit Saül sera-t.il notre Roi ? Donnez-nous ces gens là, & nous les feront mourir présentement ; mais Saül leur dit : On ne fera mourir personne en ce jour, parce que c'est le jour auquel le Seigneur a sauvé Israël. Et quel fut le succès de sa clémence ? * Tout le peuple alla à Galgala, & il y reconnut

* I. Rois Chap. 11. * ℣. 15.

de nouveau Saül pour Roi en la
préfence du Seigneur, ils immolé-
rent au Seigneur des hofties pacifiques, & Saül & tous les Ifraélites
firent en ce lieu là une grande ré-
jouiffance ; c'eft ainfi que ceux qui
murmuroient, & qui étoient défo-
béiffans furent rangés à leur devoir,
& que par cet acte fignalé de clémence & d'obéiffance de tout le peuple, les fuffrages unanimes d'une
libre volonté concoururent à l'établir Roi d'Ifraël. Cet exemple tiré
de l'Hiftoire du premier Roi, nous
apprend, premierement que Dieu a
laiffé le gouvernement politique &
l'établiffement des puiffances exécutrices des loix, à la libre volonté
des peuples ; fecondement qu'il a
prévû, & peut-être même, comme
il paroît par la fuite, déterminé dans
fes décrets, que le peuple fut gouverné par la puiffance Royale, puifque Moïfe prévoyant ce qui devoit
arriver, avoit laiffé dans le Deuteronome, la loi que les Rois devoient obferver, & par conféquent

que Dieu n'a été fâché que par ce
qu'il a demandé un Roi comme en
avoient les Nations ; quoique Samüel lui ait prédit la puiſſance arbitraire, qui ne vient que de la cupidité de ceux-ci ; troiſiémement
que Samüel a ſacré Saül pour Prince, & que le peuple le proclama
Roi après qu'il eut jetté le ſort ſur
le peuple, afin que par cette conduite la libre volonté du peuple fût
diſpoſée, & non pas contrainte à
choſir celui que Dieu avoit ſacré
par le miniſtére de Samüel, & avoit
changé ſon eſprit en un autre homme. Nous obſerverons quatriéme-
ment quelle différence il y a entre
le caractere de Prince Roi, & le
caractere de Roi Dominateur, qui
préfére à tout cela ſon intérêt & ſa
cupidité particuliere. Tel fut le
caractere des Rois des Nations,
comme nous l'enſeigne le Fils de
Dieu même ; nous dirons cinquié-
mement & en dernier lieu, que la
clémence eſt la véritable & propre
vertu des Rois Princes, & que c'eſt

par elle, comme Saül, qu'ils reme-
nent à l'obéiſſance le peuple même
refractaire, & que par le conſentement de ceux qui refuſoient auparavant, ils ſont reconnus Rois
de nouveau en préſence du Seigneur, comme l'exprime le dernier
texte de l'Ecriture que nous avons
déja cité.

CHAPITRE XIII.

Suite du précédent.

APRES que Samüel eut demandé au peuple témoignage de
ſon bon gouvernement, aprés avoir
dit à tout Iſraël : Vous voyez que je
me ſuis rendu à tout ce que vous
m'avez demandé, & que je vous ai
donné un Roi, il leur dit : * Vous
avez donc maintenant votre Roi tel
que vous l'avez choiſi, & que vous

* ℣. 13. *Ejuſd. Chap.*

l'avez demandé, vous voyez que le Seigneur vous a donné un Roi, il paroît par ces expreſſions, que Dieu a donné un Roi, que le peuple l'a élu, & que Samüel l'a établi.

* Après cela ayant fait le miracle d'invoquer le tonnere, il contraint en quelque façon le peuple à reconnoître & à confeſſer ſon péché, car tout le peuple redoutant la puiſſance de Dieu, & de Samüel lui dit : Priez le Seigneur votre Dieu pour vos ſerviteurs, afin que nous ne mourions point, car nous avons encore ajoûté ce péché à tous les autres que nous avons faits, de demander un Roi, qui nous gouverne : d'où il paroît en combinant ces paroles avec les précédentes, que demander un Roi a été le même, que chercher un autre Seigneur & Dominateur que Dieu, & c'eſt cette domination qui eſt exprimée par le droit du Roi, que Samüel prédit au peuple ; Dieu donna donc un Roi

* ℣. 19.

au

au peuple; concluons de là qu'il a donné aux Rois ce caractere de Dominateur souverain, & c'est pour cela, qu'il a institué le sacre des Rois, qui leur imprime un caractere de Majesté, & que s'ils le reçoivent dans les dispositions convenables, les change en d'autres hommes comme l'Ecriture remarque qu'il est arrivé à Saül; * & David même a montré par son exemple quel respect on doit à ce caractere.

Il nous enseigne qu'on n'en est pas dispensé même à l'égard des Rois dont l'Esprit du Seigneur s'est retiré, & qui sont agités du malin esprit envoyé par le Seigneur, mais nonobstant cela l'Ecriture démontre clairement dans le gouvernement du peuple de Dieu la puissance, que le peuple a toujours retenue, & que nous reconnoîtrons avoir été de Dieu, par l'approbation de Dieu meme.

* I. Rois Chap. 16.

G

* Après que Saül eut péché par
son orgueil & sa désobéissance au
Commandement de Dieu, le Seigneur dit à Samüel : Jusqu'à quand
pleurerez-vous Saül ; je l'ai rejetté, & je ne veux plus qu'il
regne sur Israël ; emplissez d'huile
la corne que vous avez, & venez
que je vous envoye à Isaï de Be-
thléem, car je me suis choisi un Roi
entre ses enfans & plus bas : * Samüel prit donc la corne pleine d'huile, & il le sacra, c'est-à-dire David,
au milieu de ses freres ; depuis ce
tems-là le Seigneur fut toujours en
David : * Cependant Saül ayant été
tué dans la bataille & David étant
revenu à Hebron, après avoir con-
sulté le Seigneur ; * parce qu'il n'y
eut que ceux de la tribu de Juda qui
étant venu là, y sacrérent David de
l'huile sainte ; & ce sage Prince,
quoique sacré par le Prophéte ne
brigua point la Royauté sur les au-

J. *Rois Chap.* 16 ℣. 14. * I. *Rois Chap.*
16. * ℣. 13. * II. *Rois Chap.* 1. * II. *Rois*
Chap. 2. ℣. 4. * II. *Rois Chap.* 2. ℣. 4.

tres tribus : D'un autre côté Abner fils de Ner général de l'armée de Saül, prit Isboseth fils de Saül, & l'ayant fait mener par tout le camp, l'établit Roi sur Galaad, sur Gessun & sur Jezraël, sur Ephraïm, sur Benjamin & sur-tout Israël, Dieu ne condamna pas cette action, & l'armée de David, n'auroit pas même agi contre lui, s'il n'eût été provoqué par occasion au combat près de la plaine de Gabaon ; David ne chercha donc pas par les armes à regner sur les autres tribus, jusqu'à ce qu'enfin Isboseth ayant été tué par un assassinât. * Toutes les tribus d'Israël vinrent trouver David à Hebron & lui dirent : Nous sommes vos os & votre chair ; il y a déja long-tems que lorsque Saül étoit notre Roi, vous meniez Israël au combat, & vous l'en rameniez ; & c'est à vous que le Seigneur a dit : Vous serez le Pasteur de mon peuple d'Israël, & vous en

* *II. Rois Chap.* 5.

serez le Chef. Les Anciens d'Ifraël vinrent auffi trouver David à Hebron, David y fit alliance avec eux devant le Seigneur, & ils le facrérent Roi fur Ifraël.

C'eft ainfi que Dieu fit élire David par le peuple, c'eft ainfi que dans l'élection des Rois il difpofe le cœur de la multitude.

Pendant que fe paffoit ce que nous rapportons, fans doute que David fe reffouvint de ce que lui avoit dit le Prophéte Nathan : * Vous direz maintenant ceci à mon ferviteur David (dit Dieu au Prophéte) Voici ce que dit le Seigneur des armées ; je vous ai choifi lorfque vous meniez paître les troupeaux de moutons, afin que vous fuffiez le Chef de mon peuple d'Ifraël. Par tout où vous avez été je ne vous ai point abandonné, j'ai exterminé tous vos ennemis devant vous, & j'ai rendu votre nom auffi illuftre que celui des grands de la

* II. Rois 7. ỳ. 8.

terre, je mettrai mon peuple d'Iſraël dans un lieu bien ſtable, je l'y
établirai, & il y demeurera ferme
ſans être plus agité de troubles,
& les enfans d'iniquité ne le trou-
bleront plus comme ils ont fait auparavant depuis le tems que j'ai
conſtitué des Juges ſur mon peuple
d'Iſraël, & je vous donnerai la paix
avec tous vos ennemis. De plus le
Seigneur vous promet qu'il fera votre maiſon, & lorſque vos jours ſeront accomplis & que vous vous ſerez endormi avec vos Peres je mettrai ſur votre Trône après vous votre fils, & j'affermirai ſon regne;
ce ſera lui qui bâtira une Maiſon
à mon Nom, & je rendrai le Trône
de ſon Royaume inébranlable à
jamais.

* David comprit le ſens de ces
paroles, qui fondent le droit des
Rois à la ſucceſſion héréditaire.

* Le ſage Evêque de Condom,

_____

* *Paralipo. Chap.* 21. * *Liv.* 2. *Art.* 1.
Prop. 9.

G iij

dans le Livre de la Politique tirée
de l'Ecriture-Sainte, cite ce Chapitre des Paralipomenes, pour ap-
puyer son sentiment établissant que
de toutes les Monarchies la meilleure est la successive ou héréditaire,
sur-tout quand elle va de mâle en
mâle, ou d'aîné en aîné ; nous ne
contestons point cette opinion, car
nous avons déja dit, que tout genre
de gouvernement (dans lequel la
puissance de la droite raison gouverne) est bon, & qu'il n'y en a aucun d'exempt des maux que la cupidité a coûtume de causer ; mais
laissons à part ce détail, & admet-
tons entierement l'opinion du Prélat qui dit, que Dieu même a institué la Monarchie héréditaire, pour
être transmise d'aîné en aîné dans
la famille de David.

Et dans son sixiéme Livre, il dit :
Les Juifs conquis par les Assyriens,
étoient passés successivement sous
la puissance des Perses, sous celle
d'Alexandre, & enfin sous celle des
Rois de Syrie ; il y avoit environ

trois cens cinquante ans qu'ils
étoient dans cet état, & il y en avoit
cent cinquante qu'ils reconnoif-
foient les Rois de Syrie, lorfque
la perfécution d'Anthiochus l'illuftre, leur fit prendre les armes contre lui, fous la conduite des Machabées; ils firent long-tems la guerre, durant laquelle ils traitérent
avec les Romains, & avec les Grecs,
contre les Rois de Syrie leurs légitimes Seigneurs, dont enfin ils fe-
couérent le joug, & fe firent des
Princes de leur Nation.

Nous ne fommes pas conduits par
un efprit de contradiction, car nous
avons une vénération finguliere pour
celui, que nous avons appellé notre
Maître & pour fa mémoire; mais
confidérant fans prévention l'Hiftoire du peuple de Dieu, d'abord nous
nous fouvenons qu'il eft ici queftion d'un peuple qui ayant autrefois
habité pendant quatre cens trente
ans la terre de Geffen, qui appartenoit au Roi Pharaon, y naquit
& s'y multiplia, & étant accablé

de travaux, ayant crié vers son Dieu, est délivré ensuite par des prodiges merveilleux, & qui en sortant dépouilla l'Egypte par le commandement de Dieu, qui força Pharaon à renvoyer le peuple, & inspira aux Machabées de prendre les armes, fit triompher son peuple de ses ennemis, & lui donna le pouvoir de déférer à ses freres, le gouvernement de Prince.

Personne ne peut douter que tous ces événemens n'ayent eu Dieu pour Auteur, & premier mobile, & considérés dans la simplicité, ils suffisent à notre sujet pour en pouvoir conclure, que si le séjour volontaire, & l'usufruit de la terre de Gessen, pendant quatre cens ans, n'a pû préjudicier à la liberté de ce peuple, à plus forte raison la domination violente subie ensuite des jugemens de Dieu, continuée pendant trois cens cinquante ans des Assyriens, des Perses, d'Alexandre & des Rois de Syrie, n'y pourra porter préjudice.

Si le peuple d'Ifraël eut un fujet
légitime de crier à Dieu à caufe des
travaux exceffifs que Pharaon lui
avoit impofés, il en eut encore un
plus légitime de crier contre les per-
fécutions d'Antiochus : Pharaon
pouvoit dire fuivant les principes
de toute politique humaine ; étant
nés dans mes terres, dont vous avez
joui pendant tant de fiécles, vous
êtes mes fujets, j'ai fauvé vos Peres de la faim, par laquelle votre
race auroit péri, fi je ne vous avois
nourris des greniers publics, & des
fruits de la terre, vous êtes donc à
moi & vos troupeaux ; mais au contraire le peuple pouvoit dire à Antiochus : La terre que j'habite n'a
jamais été à vous , mais c'eft mon
héritage conquis depuis tant de fiécles, par mon fang & par mes armes, & c'eft mon Dieu, & non perfonne autre qui me l'a donnée ;
quel droit pouvez-vous alléguer
contre moi, & la terre que j'habite ? fi ce n'eft celui de la cupidité,
& de la paffion de dominer ; eft-ce

qu'en ce tems-là (c'eſt-à-dire de vos Peres) * Il ſortit d'Iſraël des enfans d'iniquité, qui donnérent ce conſeil à pluſieurs : Allons, & faiſons alliance avec les Nations qui nous environnent, parce que depuis que nous nous ſommes retirés d'avec elles nous ſommes tombés dans beaucoup de maux, & ce conſeil leur parut bon ? Quelques-uns du peuple furent donc députés pour aller trouver le Roi (de Syrie votre Pere) & il leur donna le pouvoir de vivre ſelon les coûtumes des Gentils, & ils bâtirent dans Jéruſalem un Collége, pour y apprendre les loix des Nations ; ils ne voulurent plus de Circonciſion, ils ſe ſéparérent de l'alliance ſainte, * ſe joignirent aux Nations, & ſe rendirent pour faire le mal.

Antiochus après avoir ravagé l'Egypte, en la cent quarante troiſiéme année, revint & marcha contre Iſraël, & vint à Jéruſalem aveo

<hr>

* Mach. Chap. 1. ℣. 12. * ℣. 21.

une puiſſante armée, il entra plein
d'orgueil dans le lieu Saint, il prit
l'Autel d'or, le chandelier où étoient
les lampes, il prit l'argent, l'or, &
tous les Vaiſſeaux précieux & les
tréſors cachés qu'il trouva, & ayant
tout enlevé, il s'en retourna en
ſon pays.

Il fit un grand carnage d'hommes, ce qui cauſa un grand deuil
parmi le peuple d'Iſraël & dans tout
leur pays; les Princes & les Anciens furent dans les gémiſſemens;
les vierges & les jeunes hommes
dans l'abattement, & la beauté des
femmes fut toute changée.

Deux ans après le Roi envoya
dans les Villes de Juda un Surin-
tendant des tribus, qui vint à Jéruſalem avec une grande ſuite, il leur
parla d'abord avec une douceur fein-
te, & comme s'il fût venu dans un
eſprit de paix, & ils le crurent;
mais il ſe jetta tout d'un coup ſur
la Ville, y fit un grand carnage,
& tua un fort grand nombre du
peuple d'Iſraël.

G vj

Il prit les dépouilles de la Ville, & la brûla, il en détruisit les maisons & les murs qui l'environoient, il emmena les femmes captives, il se rendit maître de leurs enfans, & de leurs troupeaux, & entoura la Ville de David d'une muraille grande & fortifiée de bonnes tours.

Si donc vous fondez votre domination sur le consentement des peuples (pouvoit dire le peuple à Antiochus) votre droit est injuste, parce qu'il n'y a eu que quelques-uns du peuple qui sont venus vers vous; si vous cherchez la justice dans la fraude & la puissance des armes ; si la passion de dominer, & la cupidité donnent droit, vous détruisez la loi de nature en faisant ce que vous ne voudriez pas qui vous fût fait.

Tel a pû être le langage du peuple à Antiochus, & si nous reconnoissons qu'il est raisonnable nous ne pourrons dire qu'Antiochus a été légitime maître en Israël : mais si nous voulons dire que ce langage en seroit injuſte , nous détruirions la loi de nature , & nous irions contre les jugemens de Dieu même , qui a autoriſé par tant de miracles les armes des Machabées ; mais que les préjugés humains cédent à la droite raiſon , & diſons en conſéquence de l'approbation de Dieu même , que quoique la domination des Rois de Syrie eût duré cent cinquante ans , elle ne put devenir légitime , parce qu'elle n'a été ni reçue ni continuée volontairement par le peuple , qui en ſecouant le joug par les armes des Machabées , ſelon les principes de la droite raiſon , & l'autorité de ſes loix , s'eſt ſervi par le ſecours de Dieu de ſa puiſſance , par laquelle il s'eſt de nouveau réduit à l'état Monarchique ſous les Machabées ; mais dirons-nous que l'Empire des Romains qui s'en eſt ſuivi a été pareillement illégitime , & uſurpé par la cupidité , quoique Jeſus-Chriſt lui-même ait ordonné de rendre à Ceſar ce qui étoit à Ceſar, & juſtifiant par cette parole, le tribut des Romains, il semble les avoir reconnus pour légitimes maîtres, cela ne fait pas contre notre proposition, & n'empêchera pas que nous n'osions dire que la domination même des Romains à l'égard du peuple d'Israël a été illégitme & contraire aux loix, car tous les interpretes de l'Ecriture (selon la doctrine même de l'Evangile) tombent d'accord que les Pharisiens tentant Jesus-Christ par cette interrogation, s'il est permis de payer le tribut à Cesar, ont voulu le rendre odieux ou aux Romains, ou au peuple; & Jesus-Christ par sa réponse évite de telle sorte les embuches, qui lui étoient dressées, que ni les Romains ni le peuple ne pouvoient en être justement offensés, il ne décida donc rien, & par conséquent il ne reconnut pas la domination Romaine pour légitime, mais que les Juifs ayent succombé dans la guerre contre les Romains, qu'ils ayent été vaincus, & dispersés, il ne faut pas l'attribuer à la justice des Romains, & au sujet de la guerre; la doctrine Chrétienne nous enseigne qu'il faut l'imputer à la juste peine de leur déicide, & de leur vraie rebellion contre leur Roi, Jesus-Christ.

CHAPITRE XIV.

Du droit des armes du peuple de Dieu.

L'AUTEUR que nous venons de citer au Livre II. Artcle premier, * a établi que le premier Empire parmi les hommes a été le Paternel; il observe que peu après les Rois ont été établis ou par le consentement des peuples, ou par les armes, ou par le droit d'acquisition, & en confirmation de cette vérité, il rapporte des exemples de l'Ecriture-Sainte; & sans doute que l'en-

* Prop. 3.

vie & la colere, qui se manifesta
en Caïn aîné d'Adam, eut plusieurs
effets pernicieux dans le genre humain même avant le déluge, comme l'empire sur les autres, les guerres & les meurtres, que l'Ecriture
comprend sous une expression générale en disant, que toute chair avoit
corrompu sa voie.

Présupposons donc sur cela qu'il
y avoit déja des Royaumes établis,
& des guerres devant le déluge : car
quoique cette proposition ne puisse
pas être clairement tirée de l'Histoire du genre humain, il ne sera pas
téméraire de chercher la raison de
notre sentiment dans la source même de la corruption de la nature
humaine, sur-tout puisque l'Ecriture rapporte, * qu'il y avoit alors
des géans sur la terre, car depuis
que les enfans de Dieu eurent épou-
sé les filles des hommes, il en sor-
tit des enfans, qui furent des hommes puissants & fameux dans le
siécle.

* *Gen. Chap. 6. ℣. 4.*

Ces hommes d'une grande puiffance & réputation pourroient nous
donner une idée de la puiffance légitime ; fi l'Ecriture n'ajoutoit à ce
qui a déja été dit : * mais Dieu
voyant que la malice des hommes,
qui vivoient fur la terre étoit extrê-
me , que toutes les penfées de leur
cœur étoient en tout tems appli-
quées au mal , il fe repentit d'avoir
fait l'homme fur la terre &c. Nous
pouvons conclure de ces expref-
fions qu'il y a eu des puiffances
même avant le déluge fous quelque
nom que ce puiffe être : mais après
le déluge , qu'il y ait eu des puiffances légitimes élevées par le libre
confentement des peuples, rien ne
le prouve plus clairement que Mel-
chifedech Roi de Salem, ou de Paix,
qui fut Pontife du Très - Haut ; la
réfléxion donc du Prélat fouvent citée, eft fort belle dans la propofition quatriéme, la voici : Les hommes qui avoient vû , ainfi qu'il a

* ỳ. 5.

été dit, une image de Royaume dans l'union de plusieurs familles, sous la conduite d'un pere commun, & qui avoient trouvé de la douceur dans cette vie, se portérent aisément à faire des Sociétés de familles, sous des Rois qui leur tinssent lieu de pere ; c'est pour cela apparamment que les anciens peuples de la Palestine appelloient leurs Rois Abimelech, c'est-à-dire mon pere ; les sujets se tenoient toujours comme les enfans du Prince, & chacun l'appellant mon pere. Le nom de Roi devint commun à tous, mais l'ambition a inventé une autre maniere de faire des Rois, * dont Nemrod petit fils de Cham, fut le premier.

La Ville Capitale de son Royaume fut Babilone, outre celles d'Arach & de Chalanné, dans la terre de Sennaur.

Cette humeur ambitieuse & violente se répandit bien-tôt parmi les hommes.

* Gen. Chap. 10. ỵ. 10.

Nous voyons Chodorlahomer Roi des Elamites, c'est-à-dire des Perses & des Medes, étendre bien loin ses conquêtes dans les terres voisines de la Palestine.

Ces Empires (continue l'Auteur) quoique violens & tyraniques d'abord, par la suite des tems, & par le consentement des peuples, peuvent devenir légitimes, c'est pourquoi les hommes ont reconnu un certain droit qu'on appelle de conquête.

Nous avons mieux aimé rapporter les paroles d'un Auteur si célébre que d'employer les nôtres pour expliquer le droit des armes, ou comme nous l'avons appellé, ci-devant, le droit d'acquisition, par la description que nous venons de rapporter, il paroit donc suivant la doctrine de cet Auteur, que ce pouvoir d'acquerir, tire son origine de l'ambition, mais qu'il peut devenir légitime par le consentement du peuple, & c'est pour cela que l'Auteur dit : * Que pour rendre le droit de conquête incontestable , il faut joindre une possession paisible , & pour prouver cette proposition , il apporte l'exemple de Jephté , sous le gouvernement duquel , * le Roi des enfans d'Ammon , se plaignit que le peuple d'Israël sortant d'Egypte , s'étoit emparé de plusieurs terres sur ses prédécesseurs , qu'il redemandoit à Jephté ; mais nous ne croyons pas qu'on puisse se servir pour prouver ce droit des armes ou de conquête , de tout ce que nous lisons dans l'Histoire du peuple d'Israël ; car toute la justice , tout le droit des armes de ce peuple étoit fondé dans la promesse , & la donation de Dieu le Seigneur , des Seigneurs , * faite à Abraham & à sa postérité , & si souvent répétée : Je suis le Seigneur qui vous ai tiré d'Ur en Chaldée , pour vous donner cette terre , afin que vous la possédiez ,

* *Art.* 2. *Prop.* 3. * *Juges Chap.* 11. ℣. 13. * *Gen. Chap.* 15. ℣. 7.

& plus bas : * Mais vos defcendans reviendront ici après la quatriéme génération , parce que la mefure des iniquités des Amorrhéens n'eft pas encore remplie préfentement. En ce jour le Seigneur fit alliance avec Abraham en lui difant : * Je donnerai à votre race , depuis le fleuve d'Egypte jufqu'au grand fleuve d'Euphrate , comme dans les verfets fuivants , l'Ecriture fpécifie toutes les Nations , fur lefquelles Dieu pour ainfi dire , tranfporte fon droit de juftice à Abraham & à fa poftérité ; nous difons droit de juftice, parce qu'il a fait ce tranfport de poffeffion de terre à caufe de l'iniquité des Nations & des peuples, dénombrés dans l'Ecriture : d'où le peuple d'Ifraël eft devenu l'éxécuteur de la juftice de Dieu, & le poffeffeur légitime de ces pays , non par le droit des armes , mais par droit de donation, & comme on a dit de la juftice de Dieu ; fon titre

* ℣. 16. * ℣. 20.

de légitime poſſeſſion ne vient pas de ſon droit de conquête , mais de la donation de Dieu. Nous pouvons cependant apprendre une autre vérité de l'Hiſtoire de ce peuple , qui regarde tout-à-fait le droit des armes : c'eſt que Dieu ſuprême Dominateur & Maître , tranſporte les Royaumes de Nation en Nation, ſelon les decrets de ſa juſtice , & qu'il les répand ſelon ces mêmes decrets ; qu'il ſuſcite une Nation contre une Nation, comme il avoit ſuſcité les Aſſyriens, les Grecs & les Rois de Syrie, & enfin les Romains contre ſon peuple ſuivant les prédictions des Prophéties , mais comment cela ſe devoit-il accomplir dans le peuple , & comment s'accompli-t-il , encore préſentement? Dieu ſemble avoir manifeſté ſes deſſeins à Abraham, Dans le texe déja cité.

* Lorſque le Soleil ſe couchoit Abraham fut ſurpris d'un profond

* *Gen Chap.* 15. ℣. 12.

fommeil, & il tomba dans un hor-
rible effroi, fe trouvant comme
tout en envélopé de ténébres. Alors
il lui fut dit ; Sachez dès maintenant, que votre poftérité demeurera dans une terre étrangere, &
qu'elle fera réduite en fervitude, &
accablée de maux pendant quatre
cens ans. Mais que fuivra-t-il de-
là ? Le confentement du peuple
captif eft réduit en fervitude ; éta-
blira-t-il le droit acquis ? rendra-t-
il la domination inconteftable & légitime ? Le verfet quatorziéme
nous l'apprend : Mais j'exercerai
mes jugemens fur le peuple, auquel ils feront affujettis, & ils for-
tiront enfuite de ce pays-là avec de
grandes richeffes. Qu'y a-t-il donc
qui paroiffe plus clairement de-là,
fi ce n'eft que Dieu voulant châtier
les peuples, livre leurs voifins à
leur cupidité, & incités par l'ambition de dominer, ils s'élevent
contre d'autre Royaumes, les fub-
jugent en héritage, y dominent ou
par violence ou paifibement ? Si l'af-

sujettissement des peuples , arrive selon les jugemens de Dieu ; sera-t-il libre de résister à des ennemis agresseurs ? Certainement l'homme ignore les jugemens de Dieu, qu'il ne peut connoître que par l'événement ; c'est pourquoi la loi même de nature dicta au peuple, & admet de se défendre contre les aggresseurs illégitimes, & qui agissent par violence , non dans l'intention de résister aux jugemens de Dieu (ausquels on doit toujours & en tout se soumettre) mais pour repousser une force injuste : car souvent un esprit de vertige envoyé également par le jugement de Dieu s'empare des Rois & des peuples, pour qu'ils soient confondus & humiliés , par les peuples qu'ils envahissent injustement.

Ce qui se peut donc faire justement ne doit pas être omis en commettant à la volonté de Dieu l'événement, qui seul peut la démontrer. Celui dont le sort est malheureux doit le supporter avec patience,

ce, & celui qui est dans la prospérité doit garder la modération. Toute l'Histoire des Juges est pleine de
ces exemples, dans lesquels nous
pouvons voir, comment Dieu par
ses justes jugemens a permis que le
peuple ait été subjugué, & délivré
ensuite quand le tems de sa miséricorde est arrivé. * C'est ce qui fait
dire à l'Evêque de Condom, zélé Dé-
fenseur de l'Etat Monarchique Héréditaire, dans le Livre cité, parlant des guerres justes : Il faut rapporter à ce motif le juste dessein de
s'affranchir d'un joug injustement
imposé, & de venger sa liberté op-
primée, & tel a été le motif des
guerres des Machabées, ainsi qu'il
a été rapporté ailleurs, dans l'Article II. * du même Livre. Parmi les
injustes motifs de guerre, il met les
conquêtes ambitieuses, & pour
exemples, il cite de nouveau l'Histoire de Nembrod ; * plus bas, il

* *Liv. 9. Art. I. Prop. 7.* * *Art. II.*
Prop. 2. * *Prop. 4.*

H

prouve fort ingénieusement par l'exemple de Nabuchodonosor , que quand Dieu paroît accorder tout aux Conquerans ambitieux , il leur prépare des châtimens rigoureux; maintenant donc : * J'ai livré dit-il , par la bouche de Jéremie toutes les terres à Nabuchodonosor Roi de Babilone mon serviteur , je lui ai donné encore les bêtes de la campagne afin qu'elles lui soient assujetties , & tous les peuples lui seront soumis à lui , à son fils , & au fils de son fils , jusqu'à ce que son tems , & le tems de son Royaume soit venu , & plusieurs peuples & grands Rois, lui seront soumis &c.

Voilà l'apparence d'une faveur bien éclatante & bien déclarée, mais le revers en est terrible dans Jéremie; comment celui qui étoit comme le marteau de toute la terre, a-t-il été brisé & réduit en poudre ? * Comment cette Babilone si fameu-

* Chap. 27. ⁎. 6. * Jer. Chap. 50. v. 23. 31.

se parmi les Nations , a-t-elle été
changée en un grand désert ? Je vous
ai fait tomber dans un piége, ô Ba-
bylone, & vous avez été surprise,
sans vous en être apperçue , vous
avez été surprise & saisie tout d'un
coup, parce que vous vous êtes attiré la colere du Seigneur ; le Seigneur a ouvert son trésor, il en a
tiré les armes de sa colere , parce
que le Seigneur le Dieu des armées ,
en a besoin contre le pays des
Chaldéens : Marchez contre elle des
extrémités du monde , ouvrez tout
pour donner entrée à ceux qui la
doivent fouler aux pieds , ôtez les
pierres des chemins , & mettez-les
en morceaux, tuez tout dans elle,
sans y rien laisser ; exterminez tout
ce qu'elle a de vaillans hommes ,
faites-les venir pour être égorgés.
Malheur à eux parce que le jour est
venu, le tems où Dieu devoit les
visiter dans sa colere... Je viens à
toi, ô Prince superbe , dit le Seigneur le Dieu des armées , parce
que ton jour est venu , le tems est

arrivé, où je te dois visiter dans
ma colere ; il sera renversé ce superbe, il tombera par terre, & il n'y
aura personne pour le relever ; je
mettrai le feu à ses Villes, & il
dévorera tout ce qui est aux envi-
rons.

Fin de la premiere Partie.

TRAITÉ
DE
LA PUISSANCE.

SECONDE PARTIE.

CHAPITRE I.

*De l'origine de la Puissance de
la Charité.*

A droite raison même dans l'état de la nature corrompue, dicte que Dieu l'Etre des Etres est libre, & la foi confirme cette vérité : d'où il s'ensuit, qu'il ne doit rien par

justice qu'à sa gloire ; & parce que depuis qu'il est, il connoît son existence dans la vérité.

De toute éternité il s'aime soi-même, & la vérité dans la charité : d'où il arrive, que, ce qui existe de toute éternité par lui-même & de lui-même, est le Pere ; la vérité qu'il a engendré de toute éternité par la connoissance de lui-même, est le Fils, & l'amour dont ces deux Personnes s'aiment de toute éternité, & qui procéde de l'un & de l'autre, est le Saint-Esprit. Et ainsi Dieu qui est, est vérité & charité, mais, il est un dans la Trinité de Personnes. C'est pourquoi la charité a excité Dieu, par la vérité à la création, afin que ce qu'il a toujours eu en sa puissance, fût réduit en existence, donnant à ce qu'il devoit créer, l'être par la parole de la vérité. Tout ce qu'il créa fut donc bon, & parce qu'il vit qu'il étoit bon, il l'aima ; mais parce qu'il créa l'homme à son image & ressemblance, non-seulement,

il voulut qu'il commandât à toutes
les créatures pour sa gloire, mais
encore, qu'il fût uni avec lui pour
l'éternité.

Dieu par rapport à lui, le voulut
par justice, parce qu'il étoit juste,
que l'image fut unie à son Original, mais par rapport à l'homme,
ce fut par une bonté pleine de miséricorde, parce que ce qu'il a fait,
il ne le devoit pas par justice à la
créature, mais à lui-même & à sa
gloire.

Cette union mutuelle de Dieu
avec l'homme, par la charité réci-
proque, fut la puissance par laquelle Dieu posséda l'homme, & l'homme posséda Dieu; & ç'a été là l'é-
tat d'innocence, dans lequel l'homme ne connoissoit point d'autre
amour; mais il perdit par le péché
cet état d'innocence & de félicité,
parce que par la prévarication du
peuple, il s'assujettit à sa cupidité
ou amour propre, comme nous
avons déja dit, dans les précédens
Chapitres.

H iiij

Nous avons établi que la droite raison avoit été donnée à l'homme pour gouverner sa volonté ; mais la charité auroit dû régir la droite raison, comme étant la puissance de l'union entre Dieu & l'homme ; mais il l'a perdue par le péché, c'est pourquoi cette privation de la charité a rendu la nature humaine absolument incapable d'union avec Dieu, & ç'a été la mort de la mort, sous peine de laquelle Dieu avoit défendu de manger du fruit de l'arbre de Science du bien & du mal ; c'est pour celà, que la charité a porté Dieu à réparer la nature humaine, & à rendre l'homme capable de remplir sa fin , qui est l'union avec Dieu, par rapport à sa gloire propre & son amour pour une créature formée à son image & ressemblance, mais cette charité même de Dieu a été une œuvre de sa miséricorde par rapport à la créature, à qui il ne devoit nullement ; ce qu'il a fait par sa charité pour lui-même , & en conséquence de

ce décret juste & miséricordieux.
La seconde Personne de l'adorable
Trinité, la Vérité, le Verbe, la
Sagesse éternelle, où le Fils s'est
chargé du grand œuvre de la réparation de la nature humaine, afin
qu'elle fût conduite par la Vérité à
la connoissance de la vérité, & sanc-
tifiée par l'amour de la vérité, qui
n'est autre chose que la charité;
mais les œuvres de Dieu nous ont
fait voir que trois choses sont né-
cessaires pour cette fin. Premierement, la réparation de la natute
humaine, pour recevoir la vérité.
Secondement, sa purification, troisiémement, l'effusion de l'Esprit de Dieu,
pour aimer la vérité. Le Pere a donc
envoyé son Fils, la Vérité éternelle, dans le monde pour disposer par son Incarnation la nature humaine, & comme véritable Pontife, Dieu & vérité, il
offrît véritablement & réellement,
l'Homme tout entier en satisfaction, & par l'effusion de son
Sang il purifiât la nature humaine,

H v

étant ainsi purifiée & éclairée, l'homme vît la lumiere, qu'il étoit incapable de voir auparavant : & de
cette sorte les Mysteres de la Rédemption humaine opérés réellement & visiblement, ont eu des témoins de la Passion & de la Résurrection, qui n'ont cru que ce qu'ils
ont vû, jusqu'à ce que l'Esprit de
Dieu répandu dans leur cœur par la
charité, leur a enseigné dans l'a-
mour de vérité tout ce qu'eux-mêmes ont ensuite appris aux autres,
& transmis par leurs paroles & par
leurs œuvres, écrit ou non écrit, à
quoi l'Esprit de Jesus-Christ, ou de
la vérité qui est répandu dans les
cœurs des Fidéles, rend & rendra
toujours témoignage, & ainsi s'est
accompli l'ouvrage de la réparation,
rédemption & sanctification de la
nature humaine : car tout homme
a été véritablement rendu capable
de ces bienfaits, mais ils ne sont
réellement appliqués qu'aux appellés à la foi, dont est composé le
Royaume de Jesus-Christ (dans le

ſens que nous expliquerons plus
bas) qu’il a acquis par ſon Sang :
& dans ce Royaume, la puiſſance
de la charité a été donnée pour gouverner, afin de tenir la droite raiſon unie avec Dieu ; car comme
dans la premiere Partie de ce Traité , parlant de la puiſſance de la
droite raiſon , nous avons conſidéré ſa conduite & ſon pouvoir dans
l’état de la nature corrompue ; de
même dans celui - ci , nous traite-
rons de la puiſſance de la droite raiſon réduite ſous la puiſſance de la
charité par la grace , qui fait la différence avantageuſe du peuple Chrétien, adopté pour enfans de Dieu,
avec tous les peuples de la terre.

CHAPITRE II.

Du Royaume de Jesus-Christ.

LA raison éclairée par la foi croit, & unie dans la charité, ressent que Jesus-Christ est un, que son Pere est pareillement un, aussi bien que son Royaume ; à Dieu ne plaî-te donc que nous divisions le Royaume de Jesus-Christ ; mais les Ecritures mêmes nous enseignent, qu'il faut le considérer en divers états ou perfections. Ce divin Sauveur avoit dit avant sa glorification, que son Royaume n'étoit pas de ce monde : il manifesta après sa Résurrection, que toute puissance lui avoit été donnée dans le Ciel & sur la terre : il prédit en paraboles que dans le Royaume de Dieu, il y auroit des scandales, que le bon grain y se-roit mêlé avec la paille & l'ivraye. Il enseigna cependant clairement,

qu'il n'entreroit dans son Royaume,
que ceux, à qui il dira au jour du
jugement : Venez les bénis de mon
Pere, posséder le Royaume qui vous
est préparé de toute éternité, c'est
de ces considérations mal digérées,
que quelques-uns ont pris sujet de
dire que le Royaume de Jesus-
Christ n'étoit pas visible, ni temporel, puisqu'il a dit lui-même que
son Royaume n'étoit pas de ce monde ; mais nous parlons selon les vérités, que nous croyons après en
avoir été instruits par la grace de
Dieu, & nous ne cherchons pas
à en disputer. Disons donc que
dans le Royaume de Jesus-Christ,
sont compris tous les hommes, en
tant que toute puissance lui a été
donnée dans le Ciel & sur la terre,
& qu'il a été établi Juge des vivans
& des morts : mais Jesus-Christ regne
par la foi sur les peuples qui croient
en lui, & dans la foi par la charité,
sur ceux qui doivent regner éternellement avec lui : cette distinction
quoique générale suffit à notre su-

jet, pour en pouvoir conclure que dans ceux qui veulent regner avec Jesus-Christ, il faut que la puissance de la charité gouverne la raison éclairée par la foi, pour que dans cet esprit de la vérité de Dieu, ils sachent commander & obéir.

La puissance de Jesus-Christ a paru & paroît sur la terre, en ce qu'il a écrasé la tête du serpent, c'est-à-dire, le culte impie du démon ou l'idolâtrie, & qu'il a rendu commune la connoissance du vrai Dieu.

La raison éclairée par la connoissance de Dieu, & la foi en Dieu, dicte même aux Infidéles, qu'il faut aimer cet Etre suprême d'un amour de préférence sur-tout, & diriger vers lui toutes ses démarches ; mais cela ne leur sert de rien, parce qu'ils sont hors de la voie, qui seule conduit à la vie éternelle, c'est-à-dire, hors de J. C. qui est la voie, la vérité & la vie ; ils reconnoissent & adorent Dieu ; mais ils ne l'adorent pas en esprit & en vérité, parce qu'ils ne connoiſſent pas que J. C. eſt la vérité : ils veulent approcher de Dieu ; mais ils ignorent l'unique Médiateur, qu'il y a entre Dieu & les hommes, & ne peuvent ainſi parvenir à Dieu dans cet état : mais il en eſt d'autres qui ont la foi au milieu de l'Egliſe, qui croient & reconnoiſſent la voie, la vérité & la vie, mais leur foi eſt morte en tant qu'elle n'opére pas par la charité, & qu'ils ſuivent leur cupidité ; & ceux-là bien qu'ils ſachent & qu'ils croient que J. C. eſt la voie, qu'ils reconnoiſſent qu'il eſt la vérité, ne pourront pas venir à ſon regne, parce qu'ils ne ſuivent pas ſes exemples : d'où il eſt clair que la vie de l'homme Chrétien dans quelque état qu'il ſoit, conſiſte à croire dans la vérité, à opérer par la charité, & c'eſt-là l'eſprit propre & le caractere ſpécifique du Chriſtianiſme du peuple Saint, Sacerdotal & Royal. Celui qui revoqueroit en doute ces vérités, ignoreroit les élemens de la foi

Chrétienne. Nous ne nous attache-
rons donc pas à citer l'Ecriture fur
cette matiere ; mais nous jugerons
de l'ordre du Royaume de J. C.
qu'il a fondé fur la puiffance de la
charité, & qu'il a foumis à cette
même puiffance par la propagation.

Lorfque Jefus - Chrift a dit que
fon Royaume n'étoit pas de ce
monde , fans doute qu'il a entendu le monde pour lequel il n'a
point prié, & dont il ne triom-
phera qu'à la fin des tems ; mais
en tant qu'il a manifefté avoir reçu
tout pouvoir fur la terre, il faut que
fon Royaume foit dans le monde ;
mais ce n'eft pas une Royauté comme celle des Nations & de leurs
Rois ; mais un véritable Gouvernement de Prince , paternel & fraternel ; car c'eft ainfi qu'il a fallu, que
le nouvel Adam venant réparer la
nature humaine commandât comme
reparateur & pere du genre humain
régénéré, comme frere aîné entre
les enfans de Dieu, qui naiffent de
Dieu par adoption, comme il eft

né de Dieu son Pere par génération. Jesus-Christ a donc donné à
toutes les puissances, à ses enfans,
freres & Vicaires, un grand modéle
de ce Gouvernement de Prince, paternel & fraternel : mais il a toujours fui le titre de Roi, que le
peuple qui le suivoit a si souvent
voulu lui donner. Pour donner le
droit de Gouvernement de Prince,
à ceux qui le suivoient d'abord.

Au commencement de sa con-
versation avec les hommes, il a
institué une Principauté visible, appellant ses Apôtres & ses Disciples
pour le suivre, & pour qu'il leur
commandât en servant & non do-
minant, ne rejettant personne de
ceux qui venoient à lui, mais faisant du bien à tous, ne contrai-
gnant personne, mais invitant ceux
qui travailloient, & qui étoient
chargés pour les soulager.

Les bases & les fondemens du
Trône de sa Principauté visible, ont
été la charité & l'humilité, d'où
nous pouvons conclure que les Prin-

cipautés, qui ne font pas appuyées fur ces fondemens, ne font pas des gouvernemens & puiffances établies par le nouvel Adam, dans la liberté des enfans de Dieu ; mais qu'elles gémiffent fous le joug de la fervitude de l'ancien Adam. L'efprit humain des politiques fe fcandalize facilement en lifant la Vie de Jefus-Chrift, & dit d'abord qu'il n'a pas donné aux Rois & aux Princes des loix, qui concernent la vie civile & le gouvernement politique, mais purement la vie fpirituelle & le falut éternel, car Jefus-Chrift même converfant avec les hommes, a mené une vie privée, & ne s'eft jamais ingéré dans le gouvernement politique ; c'eft ainfi que parle celui, qui ne médite pas l'ordre admirable des Ouvrages de Dieu, fi élevés & fi fublimes, dans fa fimplicité apparente. Reffouvenons-nous donc de ce que nous avons déja dit dans la premiere Partie de ce Traité fur la puiffance de la droite raifon, c'eft-à-dire qu'elle a été laiffée à l'hom-

me dans l'état de la nature corrompue, pour vivre moralement bien.

Nous remarquerons aisément,
qu'il n'a rien manqué à l'homme,
pour être ramené à la fin pour laquelle il a été créé, & dont il s'é-
toit éloigné par le péché; sinon
qu'après la Rédemption de l'homme,
la droite raison fût ramenée à Dieu
& unie à lui, par la puissance de la
charité; il ne fallut donc pas réfor-
mer les loix des peuples que la droite raison avoit instituées par rapport aux gouvernemens politiques;
mais il fallut que J. C. laissât des
loix & des préceptes, & établît une
puissance, qui dirigeât les loix de la
droite raison, & les puissances exé-
cutrices des loix, à la fin à laquelle tout homme doit tendre; & c'est
(pour le répéter encore) la puissance de la charité, les préceptes & les
exemples de notre Saint Législateur,
la sagesse & la vérité éternelle, qu'ils
peuvent & doivent servir de régle
à la vie, tant morale que spirituelle de tous les hommes; parce qu'ils

enseignent le vrai sens & esprit des loix formées par la droite raison, cela paroît clairement en ce que J.C. non-seulement n'abrogea pas, & n'abolit pas, mais au contraire enseigna d'accomplir les loix que Dieu avoit données à son peuple, pour établir la Société humaine, & donna des lumieres pour cela par ses Commandemens & ses exemples. Que si l'on pouvoit distinguer la vie morale de la spirituelle dans l'homme Chrétien, nous séparerions encore & nous considérerions à part les préceptes de Jesus-Christ, qui regardent la vie spirituelle & la vie morale; mais il seroit criminel de chercher cet être de raison; car c'est l'objet des enfans du siécle, qui se disent Chrétiens & qui ne le sont que par le Baptême; & parce qu'ils n'ont pas renoncé à la foi, mais ils ne sont nullement Chrétiens dans leurs œuvres, parce qu'elles ne sont point conformes à leur foi, ainsi ils mentent à Dieu & aux hommes. Malheur donc au Roi

Prince qui diroit : Jeſus-Chriſt n'a
pas donné des loix aux Princes,
mais à ſes Apôtres & Diſciples, auſquels ont ſuccédé les Evêques &
Prêtres, & non à moi ; mais aux
Empereurs & Rois de tel & tel
Royaume ; malheur au peuple qui
diroit pareillement qu'il ne doit
pas ſe conformer aux loix de Jeſus-
Chriſt, & malheur à tout homme
d'Etat, qui raiſonneroit ainſi parce qu'il diviſeroit l'Eſprit de Jeſus-
Chriſt même & ſon Royaume,
& s'érigeroit ainſi en ante-chriſt.

CHAPITRE III.

De la maniere admirable dont Jesus-Christ a établi & étendu son Royaume, dans tout le monde.

Nous avons dit au Chapitre premier de cette Partie, que la seconde Personne de la très-Sainte Trinité, la Vérité éternelle, a été envoyée par son Pere, pour réparer & racheter la nature créée à l'image de Dieu, & que le Saint-Esprit fut envoyé pour la sanctifier. Après donc que la Vérité éternelle se fut unie par l'Incarnation à la nature humaine, elle commença à préparer l'homme à recevoir la vérité l'exhortant par son Précurseur à la pénitence, & lui faisant porter témoignage d'elle-même. Parcourant toute la Judée, enseignant par ses paroles & par ses exemples, & prouvant par tant & de si grands mira-

eles la vérité de sa Miſſion. Il offrit
enfin un corps humain en véritable
Sacrifice, comme un vrai Pontife
Eternel, & lava dans ſon vrai Sang
la nature humaine, & ainſi fut glo-
rifiée la Vérité incarnée, par la
Réſurrection manifeſtée devant tous
ceux qui croient en lui, en ſon Aſ-
cenſion, après qu'il eut déclaré que
toute puiſſance lui avoit été donnée
dans le Ciel & ſur la terre, & qu'il
eut clairement révélé aux hommes
le Myſtere de la très - Sainte Trinité.

Ce fut pour l'annoncer à toute
créature, & pour communiquer la
connoiſſance de la vérité par la foi
dans le Baptême, qu'il envoya ſes
Diſciples, mais cette foi même &
la connoiſſance de toute vérité, que
la Vérité incarnée pendant ſa con-
verſation avec les hommes avoit enſeigné, fut imprimée dans les Diſciples par la deſcente du S Eſprit;
& ainſi confirmés dans la foi & ſanc-
tifiés par cet Eſprit de vérité, ils de-
vinrent les témoins de la Réſurrec-

tion, ou glorification de la Vérité incarnée, & ses zélés & courageux Défenseurs.

Ainsi après que Jesus-Christ comme Vérité incarnée eut été exalté; il commença à attirer tout à lui selon qu'il l'avoit prédit avant sa Passion. Nous établirons donc cette époque du commencement du regne visible de Jesus-Christ, dont les Apôtres sont devenus les Vicaires, Successeurs & Princes visibles; leurs voix s'est fait entendre par tout le monde, & leurs paroles jusqu'aux extrémités de la terre.

Parcourons premierement les huit Chapitres des Actes des Apôtres, & nous connoîtrons les premiers principes & fondemens de la Principauté de ces Princes, non-seulement spirituelle & invisible, mais encore temporelle & visible; car un grand nombre de peuple les suivoit, & les craignoit tellement qu'ils n'osoient même en approcher. Tous les Fidéles apportoient leurs biens à leurs pieds, & par l'institution de la vie

charitable

charitable, la puiſſance de la charité ſe manifeſta d'abord au commencement d'une maniere ſi excellente.

L'Apôtre dit fort bien la raiſon
pourquoi Dieu n'a pas d'abord choiſi les Rois & Empereurs & autres
Puiſſants ſur les peuples, pour la
propagation de ſon Royaume, mais
les viles & abjects du monde pour
confondre la ſageſſe & la puiſſance
des forts & des ſages du ſiécle. Et
certainement la gentilité même étoit
contrainte de reconnoître que la
ſcience, la conſtance, la patience
& le courage des Martyrs, par-
toient d'un principe divin ; & perſonne ne pouvoit contredire aux
Apologies de Juſtin Martyr, de Ter-
tullien & autres écrites en faveur
des Chrétiens. Il paroît aſſez de-là
que nul prétexte de Religion, ne
peut autoriſer les guerres , puiſque
les Apôtres avoient enſeigné d'obéir
aux Princes même étrangers, ou de
Religion différente. Mais d'un autre côté ſi l'on conſidére bien la

chofe, jamais la caufe de la Religion ne peut être réputée pour caufe publique; car la foi n'eft pas un
bien temporel, mais fpirituel donnée en propre à tout croyant. Ainfi
elle peut être la caufe de plufieurs
particuliers & non de tous, comme
font les caufes des loix violées , &
les contraventions ou abrogations
des libertés, qui concernent tout
un peuple, & qui établiffent le repos de la Société humaine pour la
confervation de laquelle, & non
pour fa deftruction; la puiffance a
été donnée à ceux qui exécutent les
loix : d'où l'on peut voir que toute
doctrine, qui pourroit être contraire à la tranquillité publique avant
que d'être établie par la loi publique, peut & doit être réprimée &
prohibée par les Magiftrats, car tout
ce qui eft oppofé a la charité dûe à
Dieu & au prochain, & par conféquent au bien de la Société humaine ne peut être de Dieu ; c'eft pour
cela que la Religion Chrétienne s'é-
tendoit fi fort au milieu même des

perſécutions, parce qu'elle étoit gouvernée de telle ſorte par la puiſſance de la charité, que Dieu n'a pas voulu abolir par les armes des Chrétiens, l'idolatrie même dans laquelle le diable regnoit ſi manifeſtement; mais il a introduit les Nations Barbares qui aheurtées les unes contres les autres, détruiſirent Rome idolâtre, cette proſtituée de Babylonne pour la faire renaître de ſes cendres.

Ce changement des peuples & habitans des Royaumes à été preſque univerſel dans les Etats de l'Europe : c'eſt pourquoi il n'y a point de Royaume en Europe, qui n'ait été fondé de nouveau après l'inondation des Barbares, & par conſéquent aucun Roi, qui ne doive au peuple ſa ſucceſſion : & l'Empire Romain même à l'occaſion de la domination des Lombards fut éteint en Occident, & doit ſon rétabliſſement à Charlemagne, qui fut élevé à cette dignité par les libres ſuffrages du peuple Romain. Premierement donc le peuple de Jesus-Christ fut appellé à la foi par une disposition admirable, & la Religion Chrétienne s'agrandissoit pendant trois cens ans, avant que Constantin l'embrassât : & pendant tout cet intervalle le peuple Chrétien étoit gouverné par les Apôtres, & les Evêques leurs successeurs, de telle sorte que même les causes civiles, qui naissoient parmi les Fidéles étoient jugées par les Evêques, ce que nous voyons encore pratiquer en Orient * (entre les Chrétiens qui gémissent sous le joug des Infidéles) c'est pour cela que l'Apôtre reprend les Corinthiens : Si donc vous avez des différens entre vous , touchant les choses de cette vie , vous prenez plûtôt pour juges dans ces matieres ceux qui sont méprisables dans l'Eglise ; & il demande s'il ne se trouve point parmi eux un seul homme sage qui puisse être juge entre ses freres , leur reprochant que quand un frere plaide avec son fre-

* I. Corrint. Chap. 6. ℣. 4.

re , c'est devant les Infidéles.

C'a été le gouvernement & la puissance de la charité paternelle & fraternelle que Jesus-Christ a fondé & institué, ce fut le peuple même adopté en enfans de Dieu par **J. C.** & en Jesus-Christ, rétabli dans l'état d'innocence & de grace , & dans toute liberté, qui constituérent des Rois, non contre la doctrine de Jesus-Christ, mais selon les impressions de la droite raison , recherchant en eux dans la charité de **J. C.** un pere, un frere , & en ce sens, un Prince & Gouverneur. Ainsi les loix de tous les Etats , qui ayant été faites par la droite raison même dans le Paganisme, n'étoient point contraires à la Religion selon les principes que nous avons établis dans la premiere Partie de ce Traité, demeurérent : & dans ces raisons il paroît que Jesus-Christ n'a pas donné des loix particulieres aux Rois, & aux peuples , parce qu'il a laissé à la puissance de la droite raison soumise à la puissance de la charité, qu'il a répandue dans les cœurs des Fidéles, à instituer les loix requiſes, pour conſerver la Société des hommes.

LaReligion Chrétienne n'ôte donc pas la liberté des peuples, mais elle la perfectionne, & unit toute la Société humaine ſous la puiſſance de la charité, dans le Royaume de Jeſus-Chriſt, pris pour la Société des hommes, qui lui ont promis la fidélité dans le Baptême, & ont reçu ſa foi & ſes préceptes, auſquels tout homme qui veut regner avec lui, doit conformer ſa vie ſpirituelle & civile.

CHAPITRE IV.

Du Roi Prince Chrétien.

CES principes établis , nous l'avons déja vû que le peuple Chrétien eſt le peuple choiſi, adopté pour enfans de Dieu, régénéré , racheté & rétabli dans l'état d'innocence du premier homme par le Baptême.

Ce ſont-là les excellentes & ſublimes prérogatives du peuple Chrétien, dont le caractere d'enfant de Dieu eſt imprimé à un chacun d'une maniere indélébile ; indélebile l'eſprit de charité eſt répandu ſur ce peuple, & l'Eſprit de Jeſus-Chriſt, qui n'eſt ſoumis qu'à Dieu ſon Pere, & à ſa loi par Jeſus-Chriſt & en Jeſus-Chriſt, mais ſoumis pour lui à ſes Paſteurs légitimes, demeure avec lui juſqu'à la conſommation des ſiécles.

I iiij

Ces préliminaires ainsi considé-rés , interrogeons & recherchons ce que c'est qu'un Roi du peuple Chrétien , & nous trouverons qu'un Roi Chrétien est un homme établi du libre consentement du peuple, ou reconnu par la disposition divi-ne pour premier ou Prince , pere, frere & Pasteur, pour le bien & l'utilité de la Société humaine , sacré selon l'institution de Dieu pour que recevant l'esprit de Prin-ce , il administre la justice & fasse exécuter les loix dans la charité dûe à Dieu, à ses enfans & freres ; à la puissance duquel donnée par le peu-ple selon les loix , résister c'est ré-sister à Dieu, dont il porte le glaive de justice, & ainsi la majesté du ca-ractere convient à sa personne, & tout honneur, respect , vénération & obéissance lui est dûe.

Le fondement de l'humilité d'un Roi Chrétien est de connoître qu'il est homme , qu'il a été élevé par la disposition de Dieu, & le libre con-sentement du peuple pour le bien ;

& l'utilité du même peuple fur fes freres, pour en fervant aux autres, leur adminiftrer le bien publique.

Saint Paul dit à une Puiffance illégitime à fon égard & qui procédoit contre les loix : Quoi après nous avoir publiquement battus de verges fans connoiffance de caufe, nous qui fommes Cytoyens Romains, ils nous ont mis en prifon, & maintenant, ils nous en font fortir en fecret, il n'en fera pas ainfi : qu'ils viennent eux-mêmes nous en tirer. Les Huiffiers rapportérent ceci aux Magiftrats, qui eurent peur lorfqu'ils apprirent qu'ils étoient Cytoyens Romains. Ils vinrent donc leur faire des excufes, & les ayant mis hors de la prifon, ils les fuppliérent de fortir de leur Ville. Mais cela nous eft montré plus clairement par le même Apôtre : * Car pareillement lorfqu'une Puiffance incompétente eût voulu le faire lier, il ufe contr'elle de l'autorité des

* *Act.* 12.

I v

loix, en difant : Vous eft il permis de fouetter un Cytoyen Romain, qui n'a point eté condamné ?

Au même tems ceux qui lui devoient donner la queftion fe retirerent, & le Tribun eut peur voyant que Paul étoit Cytoyen Romain, & qu'il l'avoit fait lier.

* Saint Paul avoit reconnu qu'il étoit Juif, pourquoi donc appelle-t-il lui-même à Cefar, s'il avoit entendu à la lettre ce qu'il écrit de l'affujettiffement aux Puiffances ? Il paroît donc par-là que l'autorité Suprême, comme nous l'avons déja expofé dans la premiere Partie de ce Traité, a toujours refté aux loix, aufquelles l'autorité a été donnée par l'Auteur de la nature, pour établir la Société humaine & la loi Evangélique, à montré le vrai fens des loix morales, & le Saint Efprit l'a imprimée dans le cœur des Fidéles par la puiffance de la icharité.

C'eft-là cette adorable loi de grace,

* *Act.* 25.

qui apprend au Chrétien à obéir pour Jesus-Christ à toute Puissance, à pardonner les injures & aimer ses ennemis, dans tous les cas, qui regardent la personne particuliere, & l'individu d'un chacun, qui apprend dis-je, à tout attendre de la justice des loix & des Puissances administratrices des loix ; & cette charité même fraternelle des enfans de Dieu, doit unir tous les Fidéles dans les causes de la liberté publique, & pour défendre les loix de la Patrie ; c'est pourquoi il n'y a point de plus juste motif de guerre que la charité dûe aux freres, enfans, à soi-même & enfin à la Patrie, qui fait toujours des guerres défensives, ce qui est conforme au droit de la nature, parce qu'elle ne cherche qu'à défendre le sien, & non à envahir ce qui est autrui. L'Evêque de Condom, confirme cette vérité dans la conclusion du Livre premier de l'Ouvrage déja cité : La Société humaine dit-il, peut-être considérée en ces deux manieres, ou en tant qu'elle embrasse tout le genre humain comme une grande famille, ou en tant qu'elle se réduit en Nation, ou en peuples composés de plusieurs familles particulieres, qui ont chacune leurs droits. La Société considérée de ce dernier sens, s'appelle Société civile, on la peut définir, une Société d'hommes unis ensemble sous le même gouvernement & sous les mêmes loix.

Par ce gouvernement & ces loix, le repos & la vie de tous les hommes est mise autant qu'il se peut en sûreté.

Quiconque n'aime pas la Société civile, dont il fait partie, est ennemi de lui-même, & de tout le genre humain.

C'est ainsi qu'un Evêque qui enseigne de la Chaire de vérité, conclut son Discours de l'amour de la Patrie ; * & pour cela il dit au Livre second, en expliquant le texte de l'Apôtre aux Romains, *Chap.*

* *Art.* 1. *Prop.* 12.

13. ℣. 12. Que toute ame foit fou-
mife aux Puiſſances fupérieures. Il
n'y a aucune forme de gouvernement, ni aucun établiſſement humain qui n'ait fes inconvéniens ;
de forte qu'il faut demeurer dans
l'état auquel on a long-tems accoû-
tumé le peuple ; c'eſt pourquoi Dieu
prend en fa protection tous les gouvernemens légitimes, en quelque
façon qu'ils foient établis. Qui en-
treprend de les renverfer n'eſt pas
feulement ennemi public, mais encore l'ennemi de Dieu. Enfin tout
cet Ouvrage doit tenir lieu d'inſtruc-
tion à tous les Rois & à tous les hommes, fous quelque gouvernement
qu'ils foient. Voici de quelle façon
il conclut.

» Nous n'avons pourtant pas ou-
» blié qu'il paroît dans l'Antiquité
» d'autres formes de gouvernement
» (c'eſt-à-dire que le Monarchique
» qu'il approuve fingulierement)
» fur lefquels Dieu n'a rien pref-
» crit au genre humain, enforte que
» chaque peuple doit fuivre comme

» un ordre divin, le gouvernement
» établi dans ſon pays, parce que
» Dieu eſt un Dieu de paix , & qui
» veut la tranquilité des choſes hu-
» maines, mais comme nous écri-
» vons dans un Etat Monarchique,
» & pour un Prince que la ſucceſſion
» d'un ſi grand Royaume regarde ;
» nous tournerons dorénavant toutes
» les inſtructions que nous tirerons
» de l'Ecriture , au genre du gou-
» vernement où nous vivons, quoi-
» que par les choſes qui ſe diront
» ſur cet état, il ſera aiſé de déter-
» miner ce qui regarde les autres.

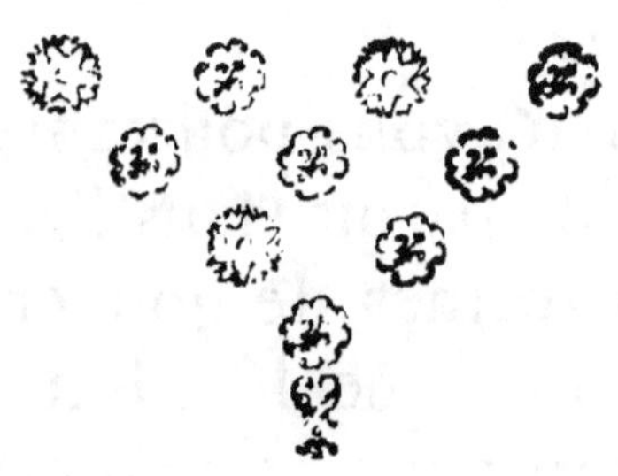

CHAPITRE V.

Du lien mutuel entre un Roi Chrétien & le peuple.

NOus avons appris de l'Evêque de Condom, que tous les gouvernemens légitimes ont Dieu pour Auteur, & nous avons démontré par les exemples du peuple de Dieu dans la premiere Partie de ce Traité, que tous les gouvernemens légitimes, font établis par le consentement libre & volontaire ; maintenant donc que nous allons traiter de la puissance de la charité, spécialement donnée au peuple Chrétien ; il nous faut considérer cet admirable lien que Jesus-Christ a mis dans son Royaume. Nous ne parlerons pas de ce lien d'union dans lequel le Fils de Dieu, a uni avec lui son Eglise Orthodoxe, sous les mêmes Pasteurs spirituels par les mêmes

Sacremens, & par un Culte uniforme, sous la même loi & intelligence de la vérité ; parce que nous avons déja dit dans le Chapitre précédent en quel sens nous considérons ici le Royaume de Jesus-Christ étendu sur les peuples, sur lesquels Jesus-Christ regne par la foi, c'est-à-dire qui croient en lui, & ont duement reçu le Baptême institué par lui. Enfin le peuple civil en tant que nous voulons le regarder comme tel, pour ne pas confondre le gouvernement spirituel avec le temporel. Que si les peuples qui ont connu Jesus-Christ croyant en lui, eussent resté dans l'innocence de leur état Baptismal, il n'y auroit point eu entr'eux autre distinction que de Ministres ou Pasteurs spirituels & du peuple, & cet état avoit été figuré par le gouvernement des Juges du peuple d'Israël. Il a été institué par Jesus-Christ dans le Ministere auquel il a été destiné, & pour lequel il a envoyé les Apôtres, Disciples & les Evêques leurs

Successeurs, qui dans les trois premiers siécles, ne gouvernoient pas, mais conduisoient & servoient le peuple Chrétien. Mais comme les enfans de Samüel ne marchant pas dans les voies de leurs Peres, donnérent occasion au peuple de dire : Donnez-nous un Roi comme en ont les autres Nations &c. Ceux qui lisent l'Histoire Ecclésiastique, pourront remarquer qu'il y a eu plusieurs enfans des Apôtres engendrés d'eux spirituellement, qui ne marchérent pas dans les voies de leurs Peres. Ainsi comme Saül fut donné de Dieu pour être Roi en Israël, peut-être qu'il n'y aura point d'absurdité de dire que la séparation du Ministere spirituel d'avec le temporel fût ainsi faite dans le Royaume de Jesus - Christ , & de son peuple.

Le premier resta selon les loix de Jesus-Christ. Le second retint aussi ses loix, & le gouvernement civil en son sens comme celui des Nations fut introduit parmi le peuple

Chrétien : & de-là quelle confufion s'enfuivit. L'Hiftoiré de l'Arianif-me nous l'apprend : car à l'occa-fion de cette héréfie fur les dernie-res années de fon regne ; Conftan-tin fe mêla de décider des chofes de la foi , comme Saül en l'abfence de Samüel s'ingéra dans le Sacerdoce, & quoique l'un & l'autre paroiffe avoir agi de bonne foi , ils en ont été punis. Que fi les Hiftoires du peuple Chrétien, écrites pour fervir de continuation aux Actes des Apô-tres , avoient la même autorité, & univerfellement reconnue ; nous en-treprendrions d'expliquer les figu-res du gouvernement du peuple de Dieu, depuis qu'il eut paffé le Jour-dain, aux vérités manifeftées dans le fens ci deffus expliqué , dans l'éta-bliffement du Royaume de Jefus-Chrift , & nous y trouverions un enchaînement admirable. Mais com-me les Hiftoires Eccléfiaftiques font fujettes aux conteftations , & ne font point articles de foi ; nous avons détourné nos penfées de cet ouvrage, dénué d'ailleurs du secours des Livres ; qu'il nous suffise donc d'apprendre des Histoires du peuple de Jesus-Christ, que toutes les fois que le lien qui doit être entre le peuple, les Puissances & les Ministres (sous la signification générale desquels nous comprenons ici le gouvernement spirituel & temporel) s'est rompu en quelque maniere. Le Royaume de Jesus-Christ divisé en lui-même, a été ouvert à la désolation ; car Jesus - Christ commande aux brebis d'écouter leurs Pasteurs, & celles qui sont à lui l'entendent, & les Pasteurs qui sont de lui le suivent. Tout Roi & Prince qui ne se reconnoît pas pour Pasteur temporel du troupeau de Jesus-Christ, ne suivroit pas Jesus-Christ, le Pasteur des Pasteurs : d'où l'on infére que comme les Pasteurs sont récompensés pour avoir bien gardé le troupeau, de même le troupeau n'est jamais mieux gardé que quand il suit le Pasteur, & de cette vérité nous pouvons facilement reconnoître combien étroite est l'union entre le troupeau & le Pasteur.

Celui-ci a été institué pour les brebis, & non pour le Pasteur. J. C. se sert souvent dans l'Evangile de la Parabole du Pasteur, & par l'exemple de toute sa vie, il a parfaitement exprimé le caractere du vrai Pasteur, or ce suprême Pasteur est venu dans le monde pour le troupeau de son Pere, parce qu'avant qu'il vint il étoit déja troupeau, mais en le rassemblant, il n'a pas cherché ses intérêts, mais ceux du troupeau, pour conduire dans de bons pâturages le troupeau que son Pere lui avoit confié, & pour le lui conserver.

Que pourroit-on ajoûter aux expressions énergiques & si fréquentes, dont Jesus-Christ se sert pour prouver qu'il étoit le bon Pasteur, & pour établir le caractere distinctif de véritable Pasteur, & le lien indissoluble entre les brebis & les Pasteurs. Pesez-les, Princes & peuples de la terre, car vous vous trompez vous-

mêmes groſſierement, ſi vous croyez
que ce que Jeſus Chriſt a dit des
Paſteurs & des brebis, ne doit s'entendre que du Miniſtre ſpirituel, il eſt
vrai que le Fils de Dieu n'a point inſtitué d'autres Paſteurs, parce que
celui qui donne des couronnes cé-
leſtes, n'eſt pas venu enlever les ter-
reſtres. Mais les Paſteurs temporels
des peuples, qui conduiſoient le
troupeau par une autorité temporelle étant entrés dans la berge-
rie du Seigneur, puiſque le miniſtere temporel fut ſéparé du ſpirituel;
les Paſteurs Princes doivent ſe ſou-
mettre aux régles données par J. C.
ou ne doivent pas ſe dire Paſteurs
par la grace de Dieu, ſi ce n'eſt en ce
ſens, que nous devons regarder
comme des graces les fleaux de Dieu,
en tant qu'ils nous ſont donnés pour
notre correction.

Jeſus-Chriſt eſt un, le caractere
du Miniſtere eſt un, mais il eſt différent, parce que le ſprituel a été
inſtitué pour la conduite des ames,
& le temporel pour la conſervation
de la Société.

Le premier regarde la vie future plus directement, & le second la vie présente. Celui-là dispense les graces spirituelles, & celui-ci distribue les biens temporels. Enfin l'un a soin & administre l'œconomie spirituelle, & l'autre l'œconomie terrestre ; c'est pourquoi l'Apôtre compare l'Eglise au corps humain, où chaque membre fait la fonction particuliere ; d'où il est clair que comme la charité unit l'ame à Dieu, de même elle doit unir les Pasteurs & les brebis ; or elle les unit quand sa puissance gouverne dans les Rois. Quand même il n'y auroit point de serment qui engageât les Rois à l'observation des loix ; la seule raison de charité comme lien entre eux & le peuple, les lieroit à l'utilité publique ; c'est pourquoi l'Evêque de Condom, traitant dans le Livre troisiéme de l'Ouvrage souvent cité, *Art.* 3. *Prop.* 2. des quatre caracteres des Rois, & établissant que le Prince n'est pas né pour lui-même, mais pour le public ; conclut cette

propofition en s'écriant : Puiffent les
Princes entendre que leur vraie gloire eft de n'être pas pour eux mêmes,
& que le bien public qu'ils procu-
rent leur eft une affez digne récom-
penfe fur la terre, en attendant les
biens éternels que Dieu leur ré-
ferve.

Et enfin la cinquiéme propofition
de cet article, enfeigne que le vrai
caractere de Prince eft de pourvoir
aux néceffités publiques, comme
celui d'un tyran eft de ne fonger
qo'à foi-même, & pour cela il rapporte la Sentence de Dieu pronon-
cée, par Ezechiel : * Malheur, dit
Dieu, aux Pafteurs d'Ifraël, qui
n'ont en vûe que leurs propres intérêts ; les troupeaux ne doivent-ils
pas être nourris par les Pafteurs ?
Vous mangiez le lait de mes brebis,
& vous vous couvriez de leurs lai-
nes, & vous tuyez ce qu'il y avoit
de plus gras dans le troupeau, &
vous ne le nouriffiez pas. Vous n'avez

* *Ezech. Chap. 34.*

pas fortifié ce qui étoit foible, ni
guéri ce qui étoit malade, ni remis
ce qui étoit rompu, ni cherché ce
qui étoit égaré, ni ramené ce qui
étoit perdu, vous vous contentiez
de leur parler durement & impé-
rieusement... Pour cela ô Pasteurs,
écoutez la parole du Seigneur, voici ce que dit le Seigneur Dieu : * Je
retirerai mes brebis de la main de
leurs Pasteurs, & je les chasserai afin
qu'ils ne conduisent plus mon troupeau, & je délivrerai mon troupeau de
leur bouche, & ils ne le dévore-
ront plus. Un Chrétien ignoreroit
sa Religion, s'il restraignoit au seul
Israël charnel ces paroles du Prophéte, puisqu'il n'a été que la figu-
re du peuple Chrétien, & certainement malheur au Prince Chrétien,
qui ne s'appliqueroit pas ces paroles, puisque Jesus-Christ lui a encore imposé de plus grandes obligations, montrant par ses paroles &
ses exemples à exposer sa vie pour
son troupeau.

℣. 9.

L'amour

L'amour du bien public eſt donc le lien entre le Roi & le peuple.

Le peuple nedoit pas regarder les défauts particuliers & les vices du Prince (dont il n'eſt reſponſable qu'à Dieu, mais il faut conſidérer ce qui regarde le bien public, dont Dieu & l'amour dû au peuple, reprend les Princes qui en agiſſant contre les loix, & par conſéquent contre l'uti-lité publique, rompent les premiers les liens de la charité, & ſi le peuple les rompt par le manque d'obéiſ-ſance dûe aux loix, & au bien pu-blic, & par l'infidélité, il encourt la peine des loix, mais dans ces cas-là le Prince ne doit pas oublier les paroles de l'Apôtre ſaint Pierre: Que Dieu nous a aimés quand nous étions ſes ennemis, & que Jeſus-Chriſt ordonne de faire du bien à nos ennemis. C'eſt pour cela qu'il ne faut jamais ſe venger des injures perſonnelles, mais il faut punir les crimes commis contre le bien public, dont le principal eſt

K

la prévarication des loix.

C'eſt de ce lien de charité que ſe ſentit lié le très pieux Roi de Hongrie, André II. ſurnommé Jeroſolimitain pere de ſainte Elizabeth, pour affermir par ſa Bulle d'or, les fondemens de la liberté Hongroiſe ſubſiſtant à perpétuité, comme un monument durable de ſa charité en ces termes :

* Au nom de la très-ſainte & indiviſible Trinité, André par la grace de Dieu Roi de Hongrie, Dalmatie, Croatie, Rama, Servie, Gallicie & Lodomerie, pour ſouvenir perpétuel, puiſque la liberté tant des Nobles de notre Royaume, que des autres établie par S. Etienne Roi, a été altérée en pluſieurs Chefs par la puiſſance de quelques Rois, qui quelquefois vengeoient leur propre reſſentiment, quelque-

* Corpor. Juris Hungar. Part. 2. fol. 40. Andrea II. Regis, Jeroſ. decretum annat. Chriſti 1222. Editum.

fois faiſoient trop d'attention aux
conſeils trompeurs des hommes méchans, ou cherchoient leurs intérêts. Pluſieurs fois nos Nobles mêmes ont porté leurs prieres & inſ-
tances à notre Sérénité, & aux oreilles des Rois nos Prédéceſſeurs, au
ſujet de la réformation de notre
Royaume : Nous donc deſirant ſa-
tisfaire à leurs demandes en tout,
comme nous y ſommes tenus ſur-
tout parce qu'à cette occaſion, on eſt
venu pluſieurs fois entre nous & eux
à des altercations conſidérables, ce
qu'il eſt convenable d'éviter pour
conſerver plus pleinement l'honneur de la Royauté (car perſonne
ne le fait mieux qu'eux) Nous leur
accordons tant à eux qu'aux autres
hommes de notre Royaume, la liberté qu'un ſaint Roi leur avoit
accordée ; & nous réglons par une
ſalutaire Ordonnance, les autres
points qui appartiennent à la réformation de l'Etat de notre Royaume, en cette maniere, &c. Il
conclut en l'Article 31. Les loix

faites par amour du bien public,
& pour que notre présente Conces-
sion & Ordonnance, soit à jamais
valide, de notre tems & dans celui
de nos Successeurs, Nous en avons
fait faire sept Copies, & apposer
notre Sceau d'or, de telle sorte
qu'une soit envoyée au Seigneur Pa-
pe, & qu'il la fasse insérer dans ses
Regiftres; la seconde, soit remise à
l'Hôpital, la troisiéme, au Temple,
la quatriéme, chez le Roi, la cinquiéme, au Chapitre de Strigonie,
la sixiéme, à celui de Colosa, la
septiéme, soit réservée chez le Pa-
latin, qui sera en place, afin que
l'ayant toujours devant les yeux,
il ne s'égare pas lui-même, dans
quelqu'un des Articles susdits, &
ne consente pas que le Roi, ni les
Nobles ou autres s'en écartent, afin
qu'ils jouissent eux-mêmes de leur
liberté, & pour cela nous restent fidéles, & à nos Successeurs; & qu'on
ne refuse pas à la Couronne Royale,
les hommages qui lui sont dûs. Que
si nous ou quelqu'un de nos Succes-

feurs, en quelque-tems que ce puiffe être, vouloit contrevenir à notre
préfente difpofition, que tant les
Evêques, que les Barons & les Nobles de ce Royaume, tous & un chacun préfens & à venir, & leur poftérité ayent à perpétuité par la vigueur des Préfentes, le pouvoir de
nous réfifter & contredire & à nos
Succeffeurs, fans aucune tache d'infidélité. Donné par les mains de
Cletus Chancelier de notre Cour, &
Prévôt de l'Eglife d'Agria, l'an de
l'Incarnation du Verbe, 1222.

Ce Decret mémorable, qui con-
tient les principales libertés de la
Nobleffe du Royaume ; qu'il certi-
fie avoir été données aux Regnicoles par le premier Roi Saint &
Apoftolique, & qui jufqu'aujour-
d'hui, a été confirmé par ferment
de tous les Rois de Hongrie y compris l'Empereur Léopold, a été ref-
traint par rapport à la faculté de réfifter par le ferment de Jofeph, premier Empereur.

La mémoire encore récente de

cet événement parmi les Hongrois, apprend comment, & de quelle maniere cela s'est passé ; nous éviterons de renouveller une douleur inexprimable ; car nous avons cité cette Bulle véritablement d'or de l'amour du bien public, comme un document authentique du lien, dont les Rois & Regnicoles sont réciproquement liés pour procurer le bien public.

Le premier Decret de saint Etienne notre Roi, adressé à son fils Emeric, dont le nom est pareillement inséré au Catalogue des Saints, enseigne plus au long les principes du véritable gouvernement paternel & fraternel ; & nous le joignons ici tout entier à la fin de cet Ouvrage, comme autant de préceptes également dignes d'un pere & d'un fils Saints. Nous ne saurions cependant passer ici sous silence ce mémorable Edit de notre Saint, premier Roi, dans le Chapitre quatriéme, du Decret dont nous avons fait mention, & quoique tout ce Chapitre convienne à cet endroit ; il faut particulierement confidérer la fin de ce paragrafe : Si vous êtes (dit-il à fon fils) pacifique, alors vous ferez appellé Roi & fils de Roi, & aimé de tous les gens de guerre, mais fi au contraire vous êtes colere, orgueilleux, envieux, ennemi de la paix, & fi vous levez la tête fur les Comtes & Princes, fans doute la force des gens de guerre deviendra la foibleffe de la dignité Royale, & qu'ils livreront à d'autres votre Royaume ; dans la crainte de ces fâcheux accidens, dirigez avec la régle de la vertu la vie des Comtes de telle forte qu'ils demeurent invariablement attachés à la dignité Royale, & que votre Royaume jouiffe d'une paix entiere & durable.

Ce n'étoit pas la chair ni le fang qui l'avoit inftruit ; ce n'eft pas la puiffance de la cupidité qui lui a dicté ces paroles ; mais la foi de J. C. & la puiffance de la charité, répandue dans fon cœur lui avoit enseigné la politique surnaturelle, de préférer le bien public de la Nation, à l'amour même qu'il devoit à son fils, nommé pour être son Successeur ; & s'il devenoit emporté, orgueilleux & envieux, & qu'il levât la tête sur les Comtes & Princes, il leur ordonne de livrer à d'autres son Royaume : & c'est pour cela qu'il lui commande par l'autorité paternelle que dans cette crainte, il dirige la vie des Comtes avec la régle des vertus, afin qu'ils demeurent constamment attachés à la dignité Royale, & qu'ainsi son Royaume soit paisible.

Il paroît de-là que l'union est l'ouvrage, qui doit affermir la paix & la tranquilité des Etats, car l'amour du Roi appuyé sur celui du peuple se soutiennent mutuellement.

Y a-t-il jamais eu de Roi inscrit dans le Catalogue des Saints, qui ait fondé & établi son Royaume sur un si grand modéle de charité ? Ce ne fut pas la succession du sang, mais le pur & simple amour de la charité qui y gouverna perpétuellement comme puissance. Ce saint Roi, montra la foi dans une œuvre si étonnante de la charité, & devenu l'Apôtre de son Royaume, il n'y planta pas une foi stérile, mais vivante & féconde dans la charité. La suite de cette loi fut le Décret cité d'André II. que la raison d'Etat considérée par les vûes d'une prudence charnelle a regardé comme injurieux & déshonorant pour les Rois, & ce que la charité de ces saints Rois avoit accordé ; la charité nous ordonne de passer sous silence; par quels artifices & moyens la cupidité la détruit, de peur que même en rapportant des vérités nous ne blessions la mémoire, de ceux, qui dorment dans le Seigneur. Et comme nous n'avons point écrit ceci pour nous servir d'Apologie, & pour justifier devant les hommes nos actions, & celles de nos Ancêtres; nous nous imposons silence à nous-mêmes sur ce que nous avons vû faire de nos jours, ou que nous

K v

avons éprouvé, ou que nous apprenons ce qui se passe aujourd'hui, parce que la charité de la vérité éternelle nous enseigne par le bien qui nous est revenu de la persécution à aimer nos ennemis, & à prier pour ceux qui nous persécutent, & a même daigné nous donner des forces pour le faire. Ainsi soumis aux jugemens de Dieu ; nous nous sommes livrés sans réserve au bon plaisir de son adorable volonté, & pour cela nous devons supporter avec constance les jugemens des hommes comme étant des suites des Décrets de Dieu, afin que la patience humaine fructifie par une grace pleine de miséricorde.

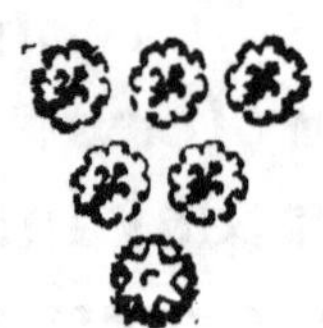

CHAPITRE VI.

Conclusion.

VOILA mes bien-aimés enfans, les paroles que nous avons voulu ajoûter à celles que nous vous avons adreſſées ſur la vie civile & la politeſſe Chrétienne, en ſuivant les mouvemens de la tendreſſe paternelle & le divin attrait de la charité de Jeſus-Ccriſt, dans le lien de l'éternelle charité, afin que vous ſachiez diſcerner toute puiſſance, comme l'arbre par les fruits, ſelon la doctrine de notre Sauveur. Que le Seigneur répande dans vos cœurs la puiſſance de ſa charité pour que dans la conduite de votre vie vous mettiez en pratique & à profit la doctrine de votre pere ; car c'eſt ainſi que vous ſaurez également & obéir pour Jeſus-Chriſt à toute puiſſance qui eſt de lui, & réſiſter à toute celle qui vient de la cupidité; car c'eſt en ce ſens qu'un Dieu Homme nous ordonne de haïr notre pere & notre mere. Toute puiſſance qui vient de Dieu eſt ordonnée dit l'Apôtre, donc tout ce qui n'eſt pas ordonné par la charité n'eſt pas de Dieu parce que Dieu eſt charité.

Cette immenſe charité aime tout ce qu'elle a fait pour elle-même, & l'homme Chrétien image de Dieu, ſelon l'ordre de la création & enfant de Dieu par l'ordre de la grace d'adoption & vocation, doit aimer ſon Pere céleſte par-deſſus tout, & toutes les créatures pour lui. Mais il doit aimer tous les hommes par raiſon de fraternité en Jeſus-Chriſt, pour J. C. & par J. C. Tant eſt ſublime & bien réglée la puiſſance qui apprend à commander & à obéir à ceux qu'elle a mis dans l'un ou l'autre état. De-là vient que les uns commandent dans la charité, les autres obéiſſent dans la même charité, & ainſi tant ceux qui ordonnent que ceux qui obéiſſent &

qui veulent vivre éternellement dans le Royaume du Roi immortel des siécles, se servent mutuellement, les uns & les autres.

Bouchez vos oreilles au trompeur langage de la cupidité, qui veut persuader que la vie spirituelle d'un Chrétien est distincte de la vie civile; car si vous ne rapportez à la premiere, tout ce que vous ferez dans celle-ci, vous ne serez pas des Chrétiens, mais des faux sages, & vous recevrez votre récompense de ceux, pour qui vous agirez & non de Jesus-Christ, à qui vous devez tout rapporter. Rendez grace au divin bienfaiteur, & glorifiez-vous d'être né du sang d'une Nation, dont le premier Roi a fondé la liberté dans la véritable loi de la charité, & a ordonné que la puissance de la charité y dominât. Pardonnez donc à ceux qui ne savent ce qu'ils disent lorsqu'ils donnent à cette Nation les noms odieux de rebelle, parce qu'ils ignorent ce que la charité doit au bien public.

à ses freres, à soi-même, à ses enfans & postérité, & enfin au main-
tien des loix.

Vous lirez ces épithetes données à
votre pere dans l'Histoire même de
votre Nation ; mais consolez-vous
en ce que Dieu ne juge pas comme
les hommes : qu'il veuille bien pardonner à la fragilité de ceux, qui
se laissant conduire par la crainte,
n'ont pas suivi les mouvemens de
leur conscience, & ont menti à Dieu
& aux hommes.

La vérité paroîtra enfin un jour
à la face du Ciel & de la terre, &
du Juge rédoutable des vivants &
des morts ; & c'est là la grande &
solide consolation que donne la sécurité de la conscience à ceux qui
sont noircis par des calomnies ; car
je me glorifierai toujours en celui
qui ma inspiré d'agir conformé-
ment à la liberté donnée par les
loix, par l'amour qui est dû à la
Patrie, sans aucune ambition de
dominer ou de regner : mais je rou-
girai de ce qu'un zéle purement

rapporté à la Patrie, & une consolation trop humaine recherchée
dans la satisfaction de l'amour propre, ont eu tant de part à mes actions (ce sont ces œuvres qui ont
mérité que je fusse humilié de Dieu,
pour lequel je n'ai pas recherché la
gloire, mais pour moi-même) c'est
pourquoi je souffre patiemment &
en expiation de mes fautes, les titres odieux, dont on a voulu me
flétrir. Je prie le Pere des miséri-
cordes de vous soutenir au mieu de
toutes les afflictions du monde, qu'il
vous donne cette sagesse qui est as-
sise sur son Trône, pour que dans
la conduite de votre vie vous con-
noissiez le bon plaisir de sa sainte
volonté, & que vous puissiez l'accomplir en tout tems, qu'il répande dans vos cœurs l'amour de sa loi,
& qu'il vous donne les forces pour
l'observer : que ce Dieu de lumiere
éclaire votre entendement, afin que
vous vous détourniez de la vanité &
que vous soyez préservé des maximes séductrices & trompeuses du

monde : car il n'y a qu'une seule chose néceſſaire, mes chers enfans : Cherchez le Royaume de Dieu & ſa juſtice, & tout le reſte vous ſera donné comme par ſurcroit. Que vous ſerviroit-il en effet de poſſéder tout le monde, & de perdre vos ames ; cette poſſeſſion paſſagére finiroit par la mort, parce que c'eſt un arrêt irrévoquable porté contre tous les hommes de mourir une fois ; & la perte de vos ames dureroit éternellement. Poſſédez donc vos ames dans la patience des adverſités temporelles, & glorifiez-vous dans la Croix de Notre Seigneur Jeſus-Chriſt, par lequel le ſalut & la rédemptiom nous a été apportée, & dont la grace ſoit avec vous. Ainſi ſoit-il.

Fin du Traité de la Puiſſance.

DES DECRETS DE
S. *Etienne premier Roi de Hongrie,*
au Duc saint Emeric.

PREFACE.

AU nom de la Très-Sainte &
indivisible Trinité : Puisque
je ressens que tout ce que Dieu a
fait, ou disposé par son ordina-
tion manifeste tant dans l'immensi-
té des Cieux, que dans les vastes
régions de la terre, subsiste & tire
sa force d'une raison supérieure &
que je vois, que tous les biens donnés par la libérale volonté de Dieu
pour l'utilité & dignité de cette vie,
comme Royaume, Consulats, Du-
chés, Comtés, Prélatures & autres Dignités, sont gouvernées, dé-
fendues, divisées & réunies en partie par les préceptes & instituts di-
vins, & en partie par ceux des
loix ; d'une part selon les établisse-

mens juridiques , & de l'autre selon les civils ou par les conseils &
persuasions des Nobles , & avancés
en âge &c. & que je sai certainement que par tout le monde , tous
les ordres de quelque qualité qu'ils
soient commandent , conseillent,
pourvoient non-seulement à leurs
officiers, amis , domestiques, mais
encore à leurs enfans. Alors je n'ai
pas de peine , mon fils très-aimable, de vous donner durant ma vie
des préceptes & conseils , pour vous
servir à cultiver vos mœurs , & celles de vos sujets, lorsque par la disposition de la Souveraine puissance,
vous regnerez après moi.

Il vous siéra bien d'écouter attentivement, & d'observer exactement
les préceptes de votre pere , selon
le conseil de la Sagesse, qui dit par la
bouche de Salomon : * Ecoutez ,
mon fils, les conseils de votre pere , & ne laissez pas échapper la loi
de votre mere , afin que les graces
soient plus abondamment répandues

* *Proverb.* 34.

ſur votre tête, & que les années de votre vie ſoient multipliées, vous pourrez remarquer par cette ſenten-ce, ſi vous venez à mépriſer (ce qu'à Dieu ne plaiſe) ce que la ten-dreſſe paternelle me dicte de vous recommander, que vous ne ſerez plus ami de Dieu ni des hommes, apprenez au contraire que la déſo-béiſſance cauſe le malheur des hom-mes. Adam, que Dieu, ſuprême Auteur de toute créature, avoit for-mé à ſa reſſemblance & avoit conſ-titué héritier de toute dignité, rom-pit le lien des préceptes. Et Voilà qu'auſſi-tôt il perdit ſa dignité, fut chaſſé du Paradis terreſtre. * L'an-cien peuple choiſi & aimé de Dieu, pour avoir briſé le lien des Com-mandemens de Dieu, périt en diffé-rentes manieres ; * la terre en en-gloutit une partie, l'Ange extermi-nateur en mit à mort une autre, & pluſieurs ſe tuérent les uns & les

---

* *Nomb.* 21. * *Deut.* 8. *Juges* 3.

autres. * Le fils même de Salomon méprifant les paroles pacifiques de fon pere, & enflé d'orgueil, ménaçant de frapper de l'épée au lieu des verges de fon pere, fouffrit pour cela beaucoup de maux dans fon Royaume, & enfin fut rejetté.

Crainte que pareil accident ne vous arrive, obéiffez mon fils, vous êtes encore enfant élevé dans les délices & la moleffe, fans expérience dans les expéditions, les travaux, fans connoiffance des mœurs des Nations, parmi lefquelles j'ai paffé la plus grande partie de ma vie: voici le tems que vous ne pourrez pas toujours jouir du repos qui vous rend foible & délicat, ce qui caufe fouvent la perte des vertus, devient le germe des vices & qui produit le mépris des commande-mens.

* III. R 12.

CHAPITRE I.

De l'observation de la foi Catholique.

NOus donnons pour cela la premiere place dans nos Ordonnances à la sainte foi. En premier lieu, je vous commande & vous conseille, mon cher fils, si vous desirez honorer la Couronne Royale, de conserver avec tant de soin la foi Catholique & Apostolique, que vous serviez d'exemple à tous ceux, que Dieu vous a soumis, & que tous les Ecclésiastiques vous appellent à juste titre un vrai Chrétien, sans quoi soyez certain que vous ne serez appellé ni Chrétien ni fils de l'Eglise ; ceux qui croient mal, ou qui n'accompagnent & n'ornent pas la foi par les bonnes œuvres (car sans elles la foi est morte) ne regnent pas avec honneur, & ne peuvent prétendre au Royaume

& à la Couronne éternelle ; mais fi vous conservez la foi, vous pourrez combattre contre les ennemis invifibles & vifibles ; * car (comme dit l'Apôtre) il n'y aura de couronné que celui qui aura combattu légitimement. La foi dont je parle confifte donc à croire fermement & fans aucune ambiguité en Dieu le Pere tout-puiffant, Créateur de toute créature, en fon Fils unique Notre Seigneur Jefus-Chrift, * né d'une Mere Vierge par l'Anonciation d'un Ange, & mort fur la Croix pour le falut de tout le monde, & au Saint-Efprit, qui a parlé par les Prophétes, & les Evangéliftes.

Quiconque (dit faint Athanafe) ne croit pas fermement, ne pourra être fauvé. Que fi jamais (ce que Dieu ne veuille) il s'en trouvoit fous votre puiffance qui tâchaffent de divifer, diminuer ou augmenter cette expofition de la Très - Sainte Trinité ; fachez que ce font des hé-

* II. Timoth. 2. * Luc 1.

rétiques, & non des enfans de la
sainte Eglise; ne prenez soin de telles gens, ne les défendez pas, & ne
paroissez en aucune maniere leur
ami; car des hommes de ce caractere, sont contagieux pour les vrais
enfans de la foi, & détruisent mal-
heureusement le nouveau peuple de
la sainte Eglise, & même la dissipe-
ront; tâchez sur-tout d'empêcher
que cela n'arrive.

CHAPITRE II.

De l'Eglise, & du maintien de son état.

DANS le Palais Royal, après la
foi, l'Eglise tient la seconde
place. Formée par notre Chef Jesus-Christ, les Apôtres & les saints
Peres, & solidement édifiée par les
saints Peres, & répandue par tout
le monde, elle engendre tous les
jours de nouveaux enfans.

Elle est ancienne en certains pays ; mais dans notre Monarchie, mon cher fils bien-aimé, elle paroît encore jeune & nouvelle ; c'est pourquoi elle a besoin de gardiens plus vigilans & plus circonspects, de peur que le bien, que la divine bonté nous a accordé, sans que nous l'ayons mérité, & par un effet de son infinie miséricorde, ne soit détruit & anéanti, par votre paresse.

Celui qui diminue ou qui souille la dignité de l'Eglise, s'efforce de mutiler le Corps de Jesus-Christ. Or le Seigneur même a dit à Pierre, qu'il a laissé pour Maître & Gardien de son Eglise : Vous êtes Pierre, & sur cette Pierre, je bâtirai mon Eglise ; il s'appelloit lui-même Pierre, mais il n'a pas prétendu dire qu'il bâtiroit sur lui une Eglise de bois ou de pierre, mais qu'il formeroit une Nation choisie, qu'il lui donneroit un troupeau instruit par la foi, lavé pas le Baptême, oint du saint Chrême : il a dit que la sainte Eglise étoit édifiée sur lui & c'est ainſi qu'il l'appelle : Si quelque malheureux ſcandalize les Membres de cette Egliſe, ou les petits, ſelon la parole de l'Evangile, il mérite qu'on lui mette au col une meule de moulin, & qu'on le jette au fond de la mer, c'eſt-à-dire qu'on l'exclue de la dignité & de la puiſſance, & qu'il reſte hors de l'Egliſe des juſtes. Ainſi mon cher fils, vous devez ſoigneuſement veiller, & avec un zéle ardent dans la ſainte Egliſe de jour en jour, afin qu'elle prenne plûtôt de l'accroiſſement, qu'elle ne ſouffre du dommage. C'eſt de-là ſur-tout qu'on appelloit les Rois Auguſtes parce qu'ils augmentoient l'Egliſe : faites-en de même, & que votre vie ſoit plus heureuſe & plus longue, afin que mon Royaume puiſſe ſervir d'exemple aux Nations.

L

CHAPITRE III.

De l'honneur dû aux Princes, & Barons.

LE quatriéme ornement de la Royauté est la fidélité, le courage, l'agilité, la politesse & la confiance des Princes, des Barons, des Comtes, des Gens de guerre, & des Nobles. Car ce sont les Défenseurs du Royaume, le soutien des foibles, ce sont eux qui combattent les ennemis, qui augmentent les Monarchies. Qu'ils vous soient, ô mon fils, comme autant de peres & de freres, ne réduisez aucun d'eux en servitude, ne les nommez pas serviteurs. Qu'ils combattent pour vous, mais qu'ils ne vous servent pas, gouvernez-les tous sans violence, sans orgueil, sans envie, vous ressouvenant toujours que tous les hommes sont de la même condition,

& que rien n'éleve que l'humilité,
comme rien n'abaisse que l'orgueil
& l'envie ; si vous êtes pacifique,
alors on vous appellera Roi & fils
de Roi, & vous ferez aimé des gens
de guerre, mais si vous êtes superbe, colere, envieux, ennemis de
la paix, & si vous levez la tête sur les
Comtes & Princes, certainement la
force des gens de guerre deviendra
la foiblesse de la dignité Royale, &
qu'ils livreront à d'autres votre
Royaume. Dans la crainte de ces
fâcheux événemens, comportez-
vous avec eux, de façon à vous les
attacher.

CHAPITRE IV.

De la Patience & des Jugemens.

LA patience & le jugement sont
le cinquiéme fleuron de la Couronne. David Roi & Prophéte, dit
au Seigneur : Donnez au Roi votre

jugement , & le même ailleurs : L'honneur du Roi chérit le juge- ment : L'Apôtre saint Paul dit : Soyez patiens envers tous ; & le Seigneur dans l'Evangile : Vous posséderez vos ames dans la patience. Tendez à ce but , mon cher fils , si vous voulez avoir les honneurs de la Royauté , aimez le jugement; si vous voulez posséder votre ame, soyez patient. Toutes les fois ô mon fils , que quelque chose, qui mérite d'être jugée parviendra à vous, ou quelque criminel pour être condamné à mort, ne le supportez pas impatiemment , & n'assurez pas de le punir par un serment, qui ne doit pas être stable , parce qu'il faut rompre les vœux inconsidérés, ne le jugez pas vous-même de peur de ter- nir la dignité Royale, en vous mê- lant des causes subalternes , mais renvoyez plûtôt aux Juges qui en ont la commission ; ces sortes d'af- faires, qu'ils sachent juger suivant les loix ; craignez d'être Juge, mais réjouissez-vous d'être , & d'être nommé Roi.

Les Rois patiens regnent, & les
impatiens tyranisent ; mais lorsqu'il
vous viendra quelque affaire, qu'il
convient à la dignité Royale de juger, faites-le avec patience & miséricorde, mais sans compassion,
afin que votre regne soit aimé & honoré.

CHAPITRE V.

De la réception des Etrangers & entretien des Hôtes.

IL y a une si grande utilité dans
les hôtes & étrangers, qu'elle peut
à bon droit être mise au sixiéme rang
dans la dignité Royale. Par où l'Empire Romain s'est-il agrandi ? Et
qu'est-ce qui a élevé ses Rois à un
si haut faîte de grandeur & de gloire, si ce n'est que les Nobles & Sages y accouroient de toutes parts ?
Rome seroit encore aujourd'hui esclave, si les descendans d'Enée, ne

l'eussent rendue libre. Car comme les hôtes viennent de divers pays, ils apportent avec eux différentes Langues, coûtumes, documens & armes, qui toutes servent à embellir & à orner la Cour Royale, & à inspirer de la terreur aux Nations; car un Royaume qui n'a qu'une Langue & une coûtume, est foible & fragile, c'est pour cela que je vous ordonne, ô mon fils, de bien traiter les étrangers, & de les entretenir honorablement, afin qu'ils demeurent chez-vous plus volontiers qu'ailleurs; car si vous vous étudiez à détruire ce que j'ai bâti, & à dissiper ce que j'ai ramassé, certainement votre Royaume en souffrira un grand dommage. De peur que cela n'arrive augmentez tous les jours votre Royaume, afin que votre Couronne soit par-tout réputée auguste.

CHAPITRE VI.

De la grandeur du Conseil.

DANS le Tribunal des Rois, le Conseil a la septiéme place : c'est par le Conseil que l'on constitue les Rois, que l'on gouverne les Royaumes, que l'on défend la Patrie, que l'on forme le plan des combats, que par des projets bien concertés, ont remporte des victoires, on repousse les ennemis, on attire les amis, on bâtit des Villes, & on détruit le camp des adversaires. Mais quand est-ce que les Conseils ont leur utilité ? car ils ne doivent pas être composés de gens imprudens, arrogans, ou médiocres.

Mais ils doivent être ornés des plus grands sujets, des vieillards les plus gens de bien, les plus sages, & les plus integres ; c'est pourquoi, mon fils, donnez-vous de garde de

former votre Conseil de jeunes gens
& des moins sages, ou de leur demander des avis, mais aux Anciens,
à qui outre l'âge & la sagesse, ces
affaires puissent convenir. Car les
Conseils des Rois doivent être renfermés dans l'intérieur des sages, &
non être répandus par la legéreté
évaporée des insensés. Si vous marchez avec les sages, vous deviendrez sage vous-même, si au contraire vous commercez avec les foux,
vous deviendrez bien-tôt semblable à eux, selon ce que dit le Saint
Esprit par la bouche de Salomon :
Celui qui marche avec les sages sera ami des sages, & ne sera pas
semblable aux insensés; & David
chante : Vous serez Saint avec les
Saints, innocent avec les innocens,
élus avec les élus, mais vous vous
pervertirez avec les méchans. Pour
cela que chacun s'applique aux affaires qui conviennent à son âge,
les jeunes gens aux armes, les Sénateurs dans les Conseils ; il ne faut
pourtant pas entierement exclure

les jeunes des Conseils , & toutes les fois que vous tiendrez Conseil avec eux quoiqu'ils soient éclairés , déférez-les cependant toujours aux Anciens , pour mesurer toutes vos démarches selon la régle de la sagesse.

CHAPITRE VII.

Qu'il faut imiter les Ancestres , & que les enfans doivent obeir à leurs parens.

L'IMITATION des Ancestres a le huitiéme rang dans la dignité Royale : Apprenez que le plus grand ornement de la Royauté est de suivre les Rois ses prédécesseurs , & d'imiter des parens vertueux : car celui qui méprise les ordonnances de ses peres & prédécesseurs , & ne fait pas observer les loix divines, périra : car les peres sont pour élever leurs enfans , & les enfans sont tels pour obéir à leurs peres ; celui qui résiste à son pere devient ennemi de Dieu, tous les désobéissans résistent à Dieu, & l'esprit de désobéissance disperse les fleurs de la Couronne ; la désobéissance est la peste de tout un Royaume. C'est pourquoi, mon cher fils, que les préceptes de votre pere vous soient toujours présens, afin que votre prospérité soit par-tout dirigée avec un frein Royal ; suivez sans difficulté mes mœurs, que vous trouverez convenables à la dignité Royal. Il vous seroit difficile de tenir les rênes de cet Etat, si vous ne suivez les coûtumes des Rois vos prédécesseurs. Quel Grec pourroit gouverner des Latins avec des mœurs Grecques ? Aucun ; suivez donc mes coûtumes pour être regardé comme le premier parmi les vôtres, & loué chez les étrangers.

CHAPITRE VIII.

Qu'il faut prier, & comment.

LA pratique de la priere, est un grand moyen de salut pour les Rois, & ainsi doit être la neuviéme Régle de la dignité Royale. L'Oraison continuelle est la rémission & purification du péché. Vous donc mon fils, quand vous allez au Temple du Seigneur, adorer Dieu, dites avec Salomon fils de Roi, & Roi lui-même : Envoyez, Seigneur, la sagesse du Trône de votre grandeur, afin qu'elle soit & agisse avec moi, pour que je sache en tout tems ce qui vous est agréable. Dites aussi : Seigneur, Pere & Dieu de ma vie, ne m'abandonnez pas à mes mauvaises pensées, ne permettez que j'éleve mes yeux trop haut, & détournez de moi la malice, ôtez-moi la concupiscence,

& ne m'abandonnez pas à un esprit d'irrévérence & de folie. Les
anciens Rois se servoient de cette
priere ; faites en de même , afin que
Dieu daigne arracher de vous tous
les vices , & que vous soyez appellé par tout le monde un Roi invincible ; priez-le encore qu'il éloigne
de vous la fainéantise & la foiblesse, & qu'il vous donne toutes les
vertus qui peuvent vous faire vain-
cre les ennemis visibles & invisi-
bles , afin que sûr & délivré de toute incursion des adversaires , vous
puissiez achever en paix avec vos
sujets le cours de votre vie.

CHAPITRE IX.

De la piété, miséricorde, & autres vertus.

LEs vertus ornent la Couronne des Rois, & est mis le dixiéme parmi les préceptes. Car le Seigneur est lui-même le Roi des vertus, comme donc toute l'Armée célesle est composée de dix Chœurs ; ainsi que la conduite de votre vie persiste dans l'observance des dix préceptes. Il faut qu'un Roi soit pieux, miséricordieux, & doué de toutes les autres vertus ; un Roi taché d'impiété & cruauté se donne envain le nom de Roi, parce qu'il faut l'appeller tyran. Pour cela mon fils très-aimable, qui faites la douceur de ma vie, & l'espérance de ma lignée à venir. Je vous conjure & vous ordonne qu'en tout & par tout soutenu par la piété, vous soyez

affable, non-seulement à vos parens, & alliez, Princes ou Ducs,
aux riches, voisins & citoyens,
mais encore aux étrangers, & à
tout ceux qui viendront chez-vous;
car l'ouvrage de la piété vous con-
duira à une souveraine félicité.
Soyez miséricordieux à tous ceux
qui souffrent la violence ; ayant
toujours dans votre cœur cet exemple du Seigneur : Je veux la miséricorde, & non le sacrifice. Soyez
patient envers tous, tant puissans
que dénués de puissance, enfin
soyez courageux & ferme pour que
la prospérité ne vous enfle pas,
ou que l'adversité ne vous abatte.
Soyez aussi humble, afin que Dieu
vous éleve dans ce monde & dans
l'autre. Soyez modéré, & ne pu-
nissez ou condamnez personne outre mesure. Soyez doux de telle
sorte, que vous ne repugniez jamais à la justice. Soyez réservé,
pour ne jamais de plein gré désho-
norer personne. Soyez chaste, &
évitez comme l'aiguillon de la

mort, toutes les sales voluptés.

Tous ces ornemens composent la Couronne Royale, sans lesquels on ne peut regner ni parvenir au Royaume éternel.

Fait à Rodosto, ce 15 Janvier 172.

Fin du Tome premier.

REFLEXIONS